LE CORPS DE CINÉMA

Le super-héros américain

© L'Harmattan, 2010
5-7, rue de l'Ecole polytechnique ; 75005 Paris

http://www.librairieharmattan.com
diffusion.harmattan@wanadoo.fr
harmattan1@wanadoo.fr

ISBN : 978-2-296-13292-4
EAN : 9782296132924

Jean UNGARO

LE CORPS DE CINÉMA

Le super-héros américain

L'Harmattan

Du même auteur

Une éducation artistique pour tous ?,
(avec Philippe Pujas), Érés, 1999.

André Bazin : généalogies d'une théorie, Paris,
L'Harmattan, coll. Audiovisuel et Communication, 2000.

Américains, héros de cinéma, Paris, L'Harmattan,
coll. De Visu, 2005.

Si la sémiologie est la science des signes, la sémiologie du corps se définira comme la région de cette science dont l'objet est le corps comme signe. Comment le corps humain peut-il être signe ou ensemble de signes ? Comment peut-il signifier ? Quel peut être son type propre de signifiance ? Quelles lois la régissent ?
La moindre attention à notre corps, à ses comportements dans la vie sociale et dans les rapports de production et d'échange montre que le corps est le lieu et l'instrument d'utilisation de plusieurs systèmes de signes : signes du langage avec la voix et ses intonations expressives et signifiantes ; signes gestuels et comportementaux ; attitudes corporelles ; signes cosmétiques ; signes vestimentaires ; signes extérieurs indiquant les conditions sociales, signifiant des règles institutionnelles ; signes de politesse, de rituels d'attitudes, d'étiquettes expressives de sentiments liés aux rôles et aux positions sociales ; signes de l'art, dont le corps peut être la surface d'inscription, le véhicule et l'instrument. Il est clair que le corps est pris dans des réseaux de signes qui le conditionnent, le façonnent, le donnent à voir, à entendre, à sentir... Dans cet immense domaine, où les signes paraissent s'engendrer et se multiplier à l'infini, est-il possible d'introduire un principe d'ordre et de délimitation des divers ensembles de signes corporels ?

Louis Marin
« Corps et langage »
in *Encyclopaedia Universalis*

La forme du héros

Le héros n'existe qu'à l'intérieur d'un récit qui en rapporte les exploits et en forme l'empreinte. Récit traditionnellement défini comme une suite d'actions obéissant à un schéma narratif dans lequel, à partir d'une situation de départ et de sa perturbation (ou de son déplacement), une série d'actes ou de péripéties conduit le héros à la résolution puis au dénouement. Comme dans les plus anciennes formes théâtrales, tout ce que fait ou ce que le héros s'abstient (ou refuse) de faire est signifiant. Son vêtement, sa coiffure, ses ornements, tout est codé comme dans ces formes populaires de représentation où chaque geste, chaque parole appartient à un code bien établi, compris immédiatement, sans réflexion. Il en est ainsi dans le théâtre de Nô au Japon, dans l'opéra traditionnel chinois, dans la danse de l'Inde ou de Bali comme, en Europe, dans l'épopée, la farce ou le guignol. Chaque personnage occupe une place définie et toujours identique quelles que soient les aventures dans lesquelles le récit l'engage. La place qu'il occupe dans le récit, la construction de sa représentation ne renvoie à aucun réel, les signifiants ne renvoient à aucun signifié, les représentations ne renvoient qu'à d'autres représentations.

Le conte comme la fable relèvent d'une rhétorique identique. L'un et l'autre se situent dans le débordement, dans l'abolition des normes, dans la disparition des limites, dans la transgression et surtout dans l'effacement du banal, du quotidien, de l'ordinaire et donc dans la transfiguration et le ré-enchantement du monde, c'est-à-dire sa disparition. L'excès est donc bien le moteur de ce type de récits, qu'ils soient littéraires, théâtraux ou cinématographiques. Le héros excède la nature, il en outrepasse les normes et, ce faisant, il les nie, les efface, les réduit à néant, leur confère le statut de règles tout juste bonnes à régenter les pauvres humains que nous sommes. Spectre ou fantôme, il n'est ni dieu, ni homme, il n'est rien ; il se présente à nous sur l'écran comme ce rien qu'il ne peut cesser d'être, comme ce corps qui nous tient un discours sur le vide. Il ne s'agit donc pas, dans ces films (*Batman, Terminator, Rambo*), de trouver la plénitude de l'autre et sa vérité, mais plutôt de l'abolir, de contraindre l'humain dans l'homme, de le réduire et de l'amoindrir.

Dans *Morphologie du conte*, Propp montre que, dans la fable, la succession des fonctions est toujours identique ; de même, dans *Batman, Superman, Spiderman, Terminator* ou *Rambo*, le récit prend la forme du conte puisque, quel que soit le personnage, quel que soit son nom ou la manière dont il est représenté dans l'image, il accomplit toujours le même type d'actions. Non seulement le type de personnage est identique d'un film à l'autre, mais l'ordre des séquences, ce qui s'y déroule comme leur temporalité propre, suivent un modèle immuable. En outre, du fait qu'il adopte, sur le plan de l'énonciation, la forme performative, le conte (le film) signe son appartenance au mythe ou à la religion au sens où il contient une injonction et des pratiques conjuratoires réclamant de la part du spectateur une sorte de dévotion. Suivant l'exemple des contes anciens, la maîtrise ou l'échec des gestes, l'économie ou le surcroît de paroles s'articulent sur deux types d'énoncés : les figures du mal sont représentées par des énoncés de type descriptif ou constatif, alors que le héros est représenté par des énoncés de type performatif. Si Batman ne parle pas, le Joker, au contraire, est très bavard comme Nygma qui recouvre d'un excès de paroles le mutisme et l'excès d'action de Batman. Le laconisme du héros signifie que celui-ci est tout action, qu'il ne perd pas son temps en bavardages inutiles. Le silence du héros ne laisse la place qu'à la violence. Laconique, le héros l'est avec excès, comme ses adversaires sont démesurément bavards. Opposition et complémentarité qui, comme dans tout conte, se retrouvent dans ce type de films pour en constituer le modèle canonique.

Que ces films fassent systématiquement usage d'une rhétorique de l'excès conforte l'hypothèse que la posture fictionnelle adoptée assume l'évacuation de tout référent. Poser en exergue l'idée que certains films relèvent d'une telle rhétorique c'est affirmer qu'ils n'ont pas seulement le désir naïf de distraire le spectateur par une fable, mais bien la volonté de manifester, par le moyen d'une représentation forte, la puissance de la fiction capable de mettre en œuvre de tels excès et la domination sans partage, sur ce type de fiction, de la seule industrie en mesure de les produire. À cette fin, le film adopte les figures rhétoriques de l'injonction à l'adresse du spectateur.

L'injonction ne peut produire son effet que s'il y a au préalable un sentiment de déférence à l'endroit de celui qui la prononce. Obéir à une injonction ou à un ordre, c'est se soumettre soit à l'autorité morale soit à la contrainte par force. « On appelle injonction toute attitude énonciative destinée à obtenir de l'interlocuteur qu'il se comporte selon le désir du locuteur, qu'il s'agisse d'un ordre ou d'une défense. Dans la langue, le mode de l'injonction est, par excellence, l'impératif, qui ne connaît, de façon toute naturelle, que la deuxième personne, celle du destinataire du discours [1]. »

L'injonction c'est l'action d'enjoindre. Enjoindre c'est ordonner expressément, imposer, prescrire ou proscrire en vertu de l'honneur, de la probité, de la morale, du devoir… Dans le domaine juridique l'injonction est un ordre adressé à une personne contrainte de faire ou de ne pas faire quelque chose. Qu'ils s'agisse du désir que le locuteur adresse au destinataire ou du juge qui ordonne, l'injonction formule une obligation que le sujet s'impose ou qui est imposée à l'autre. Mais si s'obliger soi-même c'est se conformer à la loi morale, obliger l'autre ne peut se faire que par le rappel d'une dette ou d'une promesse ou encore par la force. À cet égard, il est possible de considérer que, sur le plan de l'injonction, le héros est une sorte de point médian ou de médiateur.

---

1. Louis-Jean Calvet in *Encyclopaedia Universalis*, entrée « injonction ».

Le corps de cinéma

La caractéristique principale du héros est, en effet, d'être celui à qui il est enjoint de faire et/ou de dire quelque chose, quel que soit le prix qu'il lui reviendra de payer pour cette action ou ces paroles. Injonction dont l'origine est soit un commandement reçu d'une autorité supérieure (Dieu, le père, un supérieur hiérarchique), soit un contrat – pacte implicite ou explicite – passé avec ceux avec lesquels il se comporte avec déférence et qu'il considère comme ayant une autorité légitime sur ses décisions, soit une obligation morale qui trouve sa source dans les profondeurs de sa conscience et qui fait de lui un parangon de moralité, de fidélité, de probité, d'authenticité, de droiture. Rhétorique performative : c'est cette injonction qui le pousse à faire ce qu'il fait, à agir comme il estime devoir le faire ; c'est sa déférence à l'endroit de cette injonction qui fait de lui ce héros désigné. Mais l'obligation qui lui est faite est, aussi, de transmettre cette même injonction au reste de l'humanité. Il n'est pas seulement modèle ou exemple à suivre, il est celui qui dit et qui ordonne. La fonction du héros consiste à effectuer la médiation entre cette injonction dont il est le dépositaire et ceux à qui il s'adresse, les spectateurs pour, à son tour, et fort de sa qualité de héros, leur enjoindre de se soumettre aux mêmes obligations morales ou à céder à l'injonction qui leur est faite. C'est dire qu'il leur est demandé de considérer avec déférence l'action aventureuse du héros.

Que l'injonction soit la conséquence d'un commandement (Terminator dans *Terminator 3*), d'une obligation morale (Peter Parker dans *Spiderman*), d'une prière (John Connor dans *Terminator 3*), d'une supplication (Kate Brewster dans *Terminator 3*) ou de la force des choses (Rambo dans *Rambo*), elle aboutit toujours, pour le héros, au devoir de faire ou de s'abstenir de faire quelque chose par déférence à l'égard de l'auteur de l'injonction, aussi excessif ou outrancier que soit l'ordre reçu.

Si les formes traditionnelles de récit constituent le fond sur lequel s'établissent les scénarios des films qui mettent en scène héros et super-héros, cependant ces films s'en distinguent du fait qu'ils poussent jusqu'à l'extrême limite – et parfois jusqu'à la profusion –, l'excès, l'outrance et la démesure qui sont le propre de tout récit fabuleux. L'excès dans ces films n'est que le signe de ce qui n'est pas et n'a jamais été présent. La démesure est ce par quoi le désir est mesuré, elle est désir de l'autre, non comme manque et besoin mais comme signe du désir qui outrepasse l'autre et ouvre la possibilité du discours. Mais cette idée de la démesure ne trouve pas à s'appliquer dans ce genre cinématographique puisqu'il s'agit non pas de retrouver l'autre comme vérité mais, au contraire, de l'écraser sous la profusion. La démesure est, alors, signe de violence, de puissance et de domination.

L'excès c'est ce qui dépasse le besoin, ce qui n'a pas de nécessité, ce qui ne répond à aucune exigence vitale. L'excès apparaît comme ce qui confère à certains personnages le droit et la capacité de ne pas se conformer à la norme ; il donne naissance à l'idée de gratuité, d'arbitraire, de superfluité, peut-être d'indécence (par rapport au besoin) ou d'obscénité (par rapport à la nécessité). Parler de l'excès c'est parler de la différence, de l'écart par rapport à la norme. L'excès désigne l'excédent et l'excédentaire, ce qui est en plus, en surnombre, en quantité surabondante ou superflue et qui, donc, devra être détruit. La caractéristique des sociétés riches est de produire de l'excédent alors que les sociétés pauvres ne parviennent à produire que le nécessaire ou, parfois, moins que le nécessaire. Être excessif c'est dépasser la mesure, aller au-delà des limites, user de l'hyperbole, outrepasser tout jugement rationnel. L'outrance est, dans le même ordre d'idées, une forme de l'exagération, le gonflement jusqu'à l'outrecuidance qui, elle-même, est à la fois la confiance excessive en soi et la désinvolture impertinente envers autrui, c'est-à-dire sa négation. L'excès dans le geste, dans les manières d'être et de faire, comme dans le langage (utiliser des mots vulgaires ou grossiers, parler d'une voix forte) sont les signes importuns d'un comportement inconvenant que la société occidentale a longtemps condamné. La morale traditionnelle enjoignait aux hommes le devoir de pudeur, de retenue et d'humilité. « Un des mots majeurs autour duquel se développe dès l'Antiquité cette réflexion éthique sur le geste est *modestia* qui indique les notions de mesure (*modus*) et de juste milieu (*mediocritas*) […]

Avec le bannissement de tout excès, la notion incarne le vieux principe delphique *ne quid nimis*, "qu'il n'y ait rien de trop" [...] [1]. » Le comportement normal est un comportement normé, défini par des conventions et donc par des règles arbitraires mais contraignantes. Le héros se définit par rapport à cette norme, il est à la fois celui qui excède la norme parce qu'un désordre s'est produit et qu'il doit le réduire pour que tout revienne à l'ordre perturbé, mais il est lui-même dans la contrainte des règles par lesquelles il peut représenter le héros, personnage extraordinaire, sauveur incontestable qui peut seul restaurer l'ordre aboli, tout en se maintenant lui-même hors de cet ordre.

Comme dans tout discours, la force persuasive de ces films ne tient pas seulement à l'excès, à l'outrance et à la démesure des effets employés, elle est également la conséquence de l'accumulation et de la répétition. La répétition a pour effet que les personnages de la fable appartiennent pour toujours à l'univers intime des enfants. De même, la fréquence de l'apparition de cette catégorie de films et d'un même type de héros engendrent dans l'esprit du spectateur une familiarité et une connivence avec les personnages, ou les situations représentées, de telle sorte que, sans perdre leur étrangeté et leur caractère fantasmagorique, ils n'en acquièrent pas moins un même pouvoir de séduction, de fascination et parfois de sidération. Effet cumulatif d'autant plus important que certains d'entre eux deviennent des films-culte que certains spectateurs ne se lassent jamais de revoir, trouvant à chaque vision de nouvelles raisons à leur enchantement. Effet répétitif qui renvoie au fait que ces films, quels qu'en soient les personnages et les situations, se trouvent pris constamment dans des configurations narratives identiques qui rendent la fiction transparente, immédiatement intelligible. Effet d'autant plus prégnant qu'il est accompagné de l'effacement du narrateur, exprimant ainsi que, n'ayant pas d'auteur, le discours se présente non comme une fiction mais comme un récit communément admis, non parce qu'il rapporterait un

---

1. Jean-Claude Schmitt, *La Raison des gestes dans l'Occident médiéval*, p. 38.

quelconque réel, ni même des faits présentés comme plausibles mais, au contraire, parce qu'il sollicite le désir d'échapper au réel. Il serait alors permis de considérer que ces films (*Batman, Spiderman, Rambo, Terminator*...) si éloignés du quotidien, ressortissent de la volonté de forcer le trait et d'excéder toute imagination possible, de conduire à l'oubli, d'effacer les marques originaires.

Le caractère irréel et proprement fantasmagorique de ces fictions n'empêche nullement l'adhésion et l'immersion du spectateur dans la fiction. L'absence de référent (et le référent est toujours absent du film de fiction, le film est à lui-même son propre référent) montre que le récit se noue dans la circulation des signifiants et des représentations. On peut, certes, penser que le spectateur, même s'il se laisse emporter par la force impressive des images et des sons, n'oublie jamais qu'il est au cinéma et qu'il a passé contrat avec le film pour un certain type de récit. Le phénomène d'immersion – rapporté au fait que les dispositifs donnant à voir la représentation, donnent aussi à penser au spectateur qu'il a affaire à une reproduction fidèle du réel –, ne trouverait son efficacité que dans la mesure où la fiction représentée serait proche d'un réel autrement perceptible par le spectateur. Bien que la fiction ne soit jamais reproduction mimétique du réel, elle n'interdit pas l'adhésion du spectateur au récit, non pas au réel rapporté par le récit, ni même à ce qui peut être repéré comme rémanence du réel, mais à son caractère proprement fictionnel : le seul réel perçu par le spectateur est le réel du film, le film comme réel. Le film ne dit rien que de lui-même, ce qui ne signifie pas qu'il ne dit rien. Il est au contraire très bavard, il produit du sens mais ce sens ne résulte que de la circulation des signifiants. Et les signifiants sont multiples dans le film : visuels, sonores, plastiques, verbaux, musicaux ; ils procèdent par enchâssements et stratifications successives ou simultanées ; ils activent des processus de remémoration et de palimpseste.

Opacité et transparence : le film, spectacle d'ombres, nous met donc en présence d'une absence. L'ombre n'est qu'un semblant et nos souvenirs ne sont que des représentations imaginaires d'événements qui ne se sont jamais produits. Seule reste présente l'idéologie véhiculée par cet appareil, si singulier, que l'on appelle le cinéma.

Entre ombres, souvenirs et idéologie, est-il possible de trouver la vérité du film, comme Cézanne pensait trouver la « vérité en peinture » ? Faudrait-il, pour cela, distinguer récit, discours, narration, énonciation ? Sans vouloir réactiver une discussion désormais dépassée [1], il est intéressant de revenir tout de même à cette discrimination entre énoncé historique et énoncé de fiction. L'énoncé historique est caractérisé, par rapport au récit de fiction, par l'effacement de l'instance énonciatrice. Nous pourrions dire alors que les films qui nous occupent ici répondent à cette idée : étant sans locuteur précisément défini, ils appartiennent à ce genre particulier que l'on appelle le récit historique. Or, nous savons bien qu'il n'est pas question d'histoire et que les événements rapportés sont éminemment imaginés, fictionnels et même proprement fabuleux. Récits sans auteur réel puisque la multiplicité des interventions sur le « produit » dissémine d'abord puis fait disparaître les traces de l'énonciateur caché. La constatation que l'on est en présence d'une énonciation sans énonciateur, et sans référence à un réel, fût-il très lointain, conduit à poser l'idée que ces films ne parlent que d'idéologie. Certes, tout film, quelles qu'en soient les modalités, s'appuie sur une idéologie implicite, mais il parle aussi d'autre chose : des gens, des relations qu'ils construisent entre eux, de leurs rêves ou de leur angoisses, de la société et de ses institutions... Rien de tout cela dans *Batman for ever* comme dans les autres films du même genre. Le récit, dont le locuteur est absent, s'oppose au discours qui, lui, suppose un locuteur et un auditeur. Or, la catégorie de films à laquelle nous nous intéressons, est placée tout entière sous le signe d'une rhétorique de la conviction qui s'exerce principalement au moyen d'énoncés performatifs. Le héros persuade de la vérité de ce qu'il est non seulement en disant ce qu'il fait, mais en le faisant et en faisant en sorte que le spectateur entende et voie sur l'écran l'action s'accomplir.

---

1. Pour la synthèse des différentes positions à ce sujet, voir Christian Metz, *L'énonciation impersonnelle ou le site du film*.

Rambo ne s'adresse à personne dans le film, il est autarcique, comme Batman ou Superman : il n'y a pas d'Autre pour le héros. Le récit historique et le discours fictionnel, sont caractérisés par l'intention qui préside à chacun. Définir ainsi le récit historique ne dit rien sur la vérité des événements qui y sont décrits, seule compte l'intention du locuteur de fournir au lecteur le récit des événements. Dire que le locuteur n'a, alors, aucune intention d'influencer le lecteur tient pourtant à cette sorte de « contrat de communication » qui veut que le lecteur sache qu'il lit un récit historique et qu'il est fondé à supposer que les faits se sont effectivement produits tels qu'ils sont rapportés. C'est à cette seule condition que le locuteur s'efface au profit de l'événement et que le récit s'écarte du discours persuasif.

Les films où apparaissent nos héros révèlent alors une structure plus complexe qu'il n'y paraissait au premier abord puisqu'on y trouve à la fois l'effacement du locuteur et la forme du discours. Pour la grande majorité des spectateurs auxquels ce cinéma est destiné, l'effacement du locuteur, l'absence d'auteur de ces films, donne un statut bien particulier au discours qui y est tenu. Les événements qui s'y déroulent, le spectateur le sait pertinemment, ne se sont jamais produits réellement et n'ont aucune chance de se produire tels qu'ils sont montrés ; il sait aussi qu'un tel héros n'existe que dans l'imaginaire et il est prêt à y adhérer en tant qu'il se présente comme imaginaire pour son propre imaginaire. N'ayant pas d'auteur assignable, ces récits sont comme ces fables, ces contes et ces mythes qui traversent l'histoire de l'humanité, se transmettant de génération en génération sans que l'auteur en soit jamais connu. Mais, en même temps, s'ils relèvent bien de cette catégorie des récits fabuleux, ces films n'en ont cependant pas la neutralité. Ils s'appliquent au contraire, avec obstination, à tenir un discours qui vise à persuader le spectateur de la supériorité sans conteste du mode de vie américain et du rôle de guide incontestable que les États-Unis ont à remplir désormais. On a donc à la fois, dans la forme, le récit et le discours.

L'absence de l'énonciateur du film, que Christian Metz s'est attaché à analyser, n'est pas spécifique aux films qui mettent en scène notre héros. N'est-ce pas ainsi qu'il faut l'entendre lorsque Christian Metz dit que « *L'énonciateur, c'est le film* », et aussi lorsqu'il ajoute que « le film, bien loin d'être un absent coincé entre deux présents, ressemblerait davantage, à tout prendre, à un présent coincé entre deux absents, l'auteur qui disparaît après fabrication, et le spectateur, présent qui ne manifeste en rien cette présence, car il n'a rien à apprendre sur son impuissance [1] ». Il faut néanmoins interroger encore cet « auteur » qui disparaît ; personnage évanescent de la construction du film, il est à coup sûr absent de ces « produits » qui relèvent davantage de la fabrication industrielle que de la création artistique puisqu'ils ne sont, après tout, rien d'autre – à l'image des spots publicitaires – que la concrétisation de tout un ensemble de recettes et de procédés destinés à produire des effets certains sur le spectateur et à faire fructifier le capital qui y a été investi.

Le film disparaît comme fable du monde, il se transforme en énoncé sur un rapport singulier au monde : le monde tel que le voit la culture hollywoodienne. Cette idée peut d'autant mieux se soutenir que le film est un énonciateur solitaire, il n'attend pas de réponse. Si l'auteur de romans ou l'artiste peintre ne sait le sens de son œuvre qu'une fois celle-ci achevée, cette banalité ne nous est, ici, d'aucune utilité puisque nous sommes forcés de considérer que ces films ne sont pas des œuvres mais des produits commerciaux lesquels, en tant que tels et comme tout produit commercial dépourvu de mystère, ne visent pas à ré-enchanter le monde mais, au contraire à le désenchanter. Ils n'ont pas pour fin de participer à l'art de leur temps mais à rétribuer les capitaux qui y ont été placés tout en propageant une quantité considérable d'idées et d'images visant à conforter la représentation des États-Unis comme seule puissance capable de s'opposer au mal dans le monde.

Qui parle ? Quelle est l'instance énonciatrice ? Il est bien évident que, comme un surmoi dominateur, l'instance énonciatrice se situe, dans ces films, en dehors et au-dessus du film, comme une divinité tutélaire qui formule *a priori* ce que le

---

1. Christian Metz, *L'énonciation impersonnelle ou le site du film*, p. 26.

film doit être. Ces corps qui doivent vendre des modes de vie et des manières de penser (de l'idéologie), vont, à plus forte raison, avoir à parler d'autant plus dans ces films où, comme dans le conte christianisé, le monde s'ordonne autour des deux pôles antagonistes fondamentaux des religions modernes – le bien et le mal, le bon démon et le mauvais démon, l'ange de lumière et l'ange des ténèbres – dont le conflit est censé rejouer le mythe de la création. Vide et absence qui nous conduiraient à dire que, dans ces films, leur « mise en scène » extravagante, excessive, démesurée est, précisément, destinée à la fois à masquer le vide, l'absence d'art, et à maintenir l'idéologie qui s'y soutient, mais aussi à inscrire dans l'inconscient du spectateur le choix de la « bonne voie » pour conduire son existence, celle dont le film fournit sans défaut le tracé. Le héros ne fait, en général, rien que le spectateur ne puisse anticiper. Il ne s'adresse pas, comme au théâtre, à un spectateur présent dont il pourrait guetter les réactions. C'est le scénario, l'organisation du récit qui anticipe, prévoit, imagine ou, mieux, provoque, produit, engendre chez le spectateur futur la réaction attendue : l'action est suspendue, en suspens, en attente. C'est cette attente qui génère l'angoisse anxieuse du spectateur. Union de deux attentes qui se conjuguent au moment propice afin d'insuffler à l'instant juste, l'événement narratif qui fait que le spectateur adhère au récit. Le produit est fabriqué (élaboré) de telle sorte qu'il provoque immanquablement l'effet attendu. Par conséquent, il est exclu que le sens puisse apparaître, comme dans le roman pour le romancier, après que le film est achevé, le sens est, lui aussi, anticipé, tout entier contenu, si possible sans la moindre ambiguïté, dans ce que dit ou montre le récit. Si tout est clair, ouvert, avéré, cela signifie-t-il qu'il n'y a rien à chercher ?

Ou rien à cacher parce que tout serait déjà masqué et dissimulé ? Certaines œuvres d'art contemporaines montrent, par leur caractère volontairement provocateur les violences et les contradictions que la société capitaliste s'efforce d'occulter. Or, les objets que nous tentons de saisir, et d'en saisir le sens, seraient, pourrait-on dire, à l'autre extrême ou à l'extrême opposé de cette position si seulement on pouvait parler d'art à leur propos. Nous ne sommes pas, avec *Rambo*, *Terminator* ou *Batman*, dans la culture populaire qui, par des moyens simples, mettrait à la disposition du plus grand nombre, la possibilité de comprendre le monde et les hommes qui y vivent. Ces films n'ont pas une telle finalité critique ni même de simple regard sur le monde, ils tiennent un discours accusatoire sur le mode prophétique en usant d'une gestuelle et d'un langage conjuratoires. Il s'agit de faire reproche à l'humanité de ce qu'elle est : à savoir, imparfaite, partagée, violente et pacifique et de lui tenir un discours tendant à lui enjoindre d'avoir à s'amender, à faire pénitence, à faire son examen de conscience afin de chasser le mal qui est en elle. L'utilisation de la bande dessinée à l'origine des *Batman*, *Superman* ou *Spiderman* permet par des effets de masquage et de substitution, en faisant appel à la mémoire ancienne des spectateurs, en renvoyant aux traces de rêves passés provoqués par ces dessins magiques, de réactiver des processus fascinatoires proches de l'hypnose et de jouer sur ces effets de palimpseste. S'il y a dans l'art contemporain des assemblages d'objets, de choses, de mots, de signes qui s'apparentent à des procédures de délégitimation à la fois de l'art et de ce que la société nous offre dans son délire consommatoire, il n'y a rien de tel dans *Superman*, *Batman* ou *Spiderman*. Nous avons affaire à un discours à la fois très simple et infiniment pervers qui détourne de la recherche de rêve, d'idéal et d'utopie au profit d'une demande adressée à la nation élue de fournir un sauveur patenté.

Ces films qui en appellent à la guerre et à la violence sont aussi des machines de guerre. Si certains artistes donnent pour finalité à leurs œuvres de produire le lien social disparu, ici, à l'inverse, le discours tend à produire du conflit et des antagonismes en montrant l'inéluctabilité de l'affrontement, en désignant comme seule voie droite le combat violent d'abord contre soi-même, contre ses mauvais penchants, mais aussi contre l'Autre, le mauvais Autre et même contre tout Autre. Il ne faut pas croire qu'il est question seulement de se réformer soi-même. Le mal ici désigné a aussi un visage et un corps, le visage et le corps de l'Autre, de l'étranger, du non-américain. Et non seulement le mal a un visage et un corps, il a aussi une façon de penser non-américaine, donc foncièrement ennemie de l'humanité, de telle sorte qu'il ne peut être question de chercher à convertir ces forces du mal mais à les affronter et à les détruire, radicalement. S'il est question ici de partage, ce partage ne doit pas être entendu comme l'incitation à répartir équitablement les biens entre tous les hommes, c'est un partage brutal qui tend à séparer les hommes entre ceux qui prétendent vouloir le bien et ceux qui viseraient le mal. Dans ce partage violent, aucune réconciliation n'est possible entre les deux parties.

Deux films feront principalement l'objet de l'analyse – même si, parfois, il sera fait référence à d'autres films –, *Rambo* (*First Blood*, Ted Kotcheff, 1983) et *Terminator 3 : le soulèvement des machines* (*Terminator 3 : Rise Of The Machines*, Jonathan Mostow, 2002). Même si ces deux films relèvent de registres différents sur les plans du discours, du dispositif, de l'esthétique qui y président, ils paraissent suffisamment exemplaires pour soutenir l'analyse. Rambo est un héros de chair et de sang alors que Terminator est un robot mécanique et électronique. Rambo a une histoire personnelle, liée à l'histoire récente des États-Unis : il a combattu au Vietnam, il y a été prisonnier, a été torturé, s'est évadé ; il en a conservé la mémoire douloureuse, il en est revenu avec des souvenirs et des sentiments amers. Terminator n'a pas d'histoire propre, il ne connaît que le présent, il est sans passé ; machine, il n'est que ce qu'ont voulu ceux qui l'ont fabriqué, même si dans *Terminator 3* on lui rappelle les épisodes précédents, il n'en a aucun souvenir. La souffrance et le sacrifice de l'un et de l'autre, bien que fortement présents dans les deux cas, sont donc perçus comme forcément différents par le spectateur.

Le dispositif scénaristique des deux films propose des types de séquences formellement identiques : définition de la mission, humiliation, souffrance, combat, victoire. Même si l'ordre des séquences peut présenter des différences. Le concept qui donne naissance au film comme mythe présente un écart dans l'un et l'autre film, sans que le concept de héros lui-même en soit affecté. Le concept est ce qui donne naissance au mythe construit par le film dans la mesure où, comme le dit Roland Barthes « le concept lui, est déterminé, il est à la fois historique et intentionnel ; il est le mobile qui fait proférer le mythe [1] ». Dans *Rambo* il est question de réveiller l'humanité de sa torpeur face au danger qui la menace (ce à quoi le héros s'emploie avec force) ; dans *Terminator 3*, il est question d'une destruction imminente et fatale de l'humanité, et d'une renaissance possible à condition que le héros américain réussisse à sauver les deux personnages qui vont engendrer la nouvelle humanité (idéologie de *born again* [2]). Le fond reste cependant le même, il s'agit de construire le mythe du héros américain. La fonction de ce mythe, tel qu'il apparaît ici, est d'imposer le héros américain comme héros universel. Par leur permanence, par leur réitération dans les différents épisodes des aventures du héros (*Rambo 1, Rambo 2* et *Rambo 3* ; *Terminator 1, Terminator 2* et *Terminator 3*), ces films se proposent comme des récits mythiques où chacun est invité à revendiquer le héros comme son héros. Dans la mesure où ces films visent à nous présenter une image de l'humanité, de son histoire et de son destin comme une fatalité que seul le héros peut détourner de son sens, nous avons bien affaire à la construction du mythe du héros américain toujours prêt à se sacrifier pour remettre l'humanité sur le bon chemin.

---

1. Roland Barthes, *Mythologies*, p. 204.
2. *Born again* Christian désigne, dans le mouvement évangélique aux États-Unis, les chrétiens qui ont rencontré Dieu et qui sont nés une seconde fois. L'expression se réfère à l'évangile de Jean 3,3 : « Je te le dis, si un homme ne naît de nouveau, il ne peut voir le royaume de Dieu. »

1. Personnage
(le héros, la disparition)

Le film, l'empreinte

L'empreinte est, à la fois, signe et indice. Indice, elle est trace matérialisée de ce qui a été là mais qui n'y est plus ou n'y a jamais été (elle est alors un leurre) ; elle est signe parce qu'elle n'a pas de signification par elle-même, elle doit être rapportée aux autres indices pour produire du sens.

Il n'y a pas de héros au cinéma, il n'y a que la représentation du corps héroïque du héros. On dit souvent de tel acteur qu'il incarne tel personnage, de Silvester Stallone qu'il est l'incarnation de Rambo et d'Arnold Schwarzenegger qu'il est l'incarnation de Terminator, sans songer que dans incarnation il est question de la chair, de la chair précisément absente du film. Au cinéma il n'y a pas de corps, il n'y a que l'empreinte du corps, signe de son absence. Illusion du corps au lieu du corps. La place du corps dans le film est assignée comme un axiome ou comme fragment d'une dogmatique et argument d'une rhétorique visuelle. Le spectateur doit alors accepter cette fatalité : le héros n'a pas de corps, le corps du héros est absent du film. Le film ne fait rien d'autre que convoquer le corps du spectateur à sa place.

Si, dans le film, le corps est un signe, il n'a, comme le signe phonique, de sens que dans la différence. Si le corps apparaissant sur l'écran n'est que le signifiant du héros, son image graphique ou son icône, on sait que le signifié dont il est le signifiant ne renvoie à rien d'autre qu'à lui-même comme signifiant pour d'autres signifiants, comme image pour d'autres images. Il est le signifiant de son absence.

L'empreinte ne peut pas être signe de la présence parce qu'elle n'a rien d'objectal, elle se contente de faire signe. Elle est à la fois couture et suture mais aussi coupure et séparation. Donc écart et différence.

Le cinéma est une empreinte, comme la trace de ce qu'il a été et de ce qu'il n'est plus : l'histoire du cinéma nous fournit les marques successives de ces disparitions. Histoire dans notre histoire, histoire du regard et de la représentation du corps. L'empreinte est un indice qui demande une interprétation, c'est ce qui marque (ce qui se remarque) et ce qui s'efface – elle est empreinte parce que l'origine en est absente –, elle est signe de la présence et signe de l'absence, elle est ce qui lie et ce qui sépare, comme le film, objet empiriquement présent, est, lui aussi empreinte de ce qu'il n'est pas, donc signe d'une absence. Est-il possible d'analyser ces films bien particuliers qui nous restituent les exploits des super-héros, en examinant les empreintes de ce qu'ils ne sont pas, bien que ces films (*Rambo*, *Terminator*) soient, généralement, considérés comme des réalités empiriques presque triviales échappant à toute réflexion ?

Le film est l'empreinte du déjà vu, du toujours déjà vu, c'est-à-dire du jamais vu hors de l'écran qui nous en offre le fantôme ou le spectre. Le film comme empreinte n'est pensé ni comme mémorial, ni comme signe de ce qui a été mais, au contraire, comme ce qui n'est jamais présent dans la présence et qui, par conséquent, n'a jamais été présent. Il ne s'agit donc pas de revendiquer – ici en tout cas – le film comme archive, comme la marque laissée par un auteur, mais comme signe de ce qui manque, de ce qui fait défaut, de ce qui est absent. La photo, objet présent, est la trace de ce qui a été (au sens de « garder une trace de... » ou « trouver (retrouver) la trace de... »), de ce moment fugitif au cours duquel le présent signale sa présence avant de disparaître. Mais elle a aussi le sens de signe du « ça a été », d'indice du passage, ce que pratique tout film, tant il doit laisser, tout au long de la diégèse, les marques mémorables par lesquelles se construit l'ordre du film ; ce dont le film policier a abondamment usé. Il s'agit donc d'organiser les marques que laisse le film – qui fonctionne alors à la manière d'un « comme si » – dans un ensemble de signes cohérents qui doivent rendre compte d'un sens qui n'a jamais été, si ce n'est comme le spectre du sens. Le film obtient sa signification légitime du fait que les choses et les signes ont chacun leur place dans le monde. L'empreinte est donc à la fois la marque de l'ordre et du désordre, de la présence et de l'absence, du présent absent dans la présence. Le film est lui-même une telle empreinte : à quoi, en tant que signe, doit-il être rapporté ? À lui-même en tant que porteur de la diégèse et à un en deçà absent de la diégèse.

Comment le film pourrait-il trouver sa place dans cette articulation ? S'il est, premièrement, un objet que je peux voir et entendre, comment pourrait-il s'inscrire dans ce qui est pensé sous le signe de l'absence ? Il doit mettre ensemble toutes les marques disposées dans la diégèse pour faire exister ce semblant d'existence (ce fantôme). Mettre ensemble ne signifie pas emmêler mais mettre en relation, faire exister dans une même totalité et dans un certain ordre. Faire exister l'Autre dans cet ordre c'est poser la possibilité du meurtre, de la fin de l'Autre, du désordre. Ce que refuse le super-héros. Dans *Rambo* ou dans *Terminator*, il y a des morts mais il n'y a pas de meurtre parce que l'autre n'a pas d'existence. Le meurtre vise autrui, il vise à effacer l'autre, à lui ôter la parole, à supprimer toute expression de son corps, à congédier la transcendance qu'il représente (il est cet autre que je ne peux jamais être), à condition que cet autre ait à faire exister un sens autrement que comme ombre.

Il est bien certain que le film n'est pas cet autre à qui je m'adresse, il n'est pas ce qui s'oppose à moi, il ne suppose aucun « face à face ». Il efface, au contraire, sa propre empreinte et, ce faisant, il en laisse d'autres par lesquelles il signale son absence. Surcroît, outrance, excès et démesure, le film ne fait que souligner le vide sur lequel il se meut, il n'est que le signe de son passage et de sa disparition, voire de sa déréliction ou de sa déshérence. Empreinte, il peut être pensé comme ce qui partant du lieu de son engendrement, indéfinissable parce que multiple, s'en détache tout aussitôt, ne laissant çà et là que des marques de son passage, des empreintes, comme le meurtrier forcé d'abandonner des indices. Il va donc instituer ou constituer le spectateur, l'autre du film, au prix de sa propre disparition, à la condition de l'effacement du film dans le film, de l'effacement du cinéma dans le cinéma.

En ce sens, suivre le héros à la trace paraît une tâche impossible dans la mesure où il n'y a pas de trace du héros si ce n'est celle de sa suppression, de son manque ou de son défaut. Le héros n'a ni passé, ni avenir, il n'existe que dans le présent du film c'est-à-dire dans son absence. Il n'existe que par la présence diaphane de son corps sur l'écran, il n'est ce qu'il est qu'à la condition de faire de son corps sa parole, or ce corps n'est présent pour nous que par sa représentation, par le signe de son absence. L'empreinte du héros annonce, comme toute empreinte, son effacement ou sa disparition. Le héros profère tragiquement sa présence dans le présent de sa représentation et dans son absence ontologique.

Fragments d'une typologie du héros

La notion de héros est, à la fois, commune et extraordinaire. Commune parce que tout film, tout roman, toute pièce de théâtre, tout conte, toute fable, tout mythe, s'articule sur cette figure. Il n'y a pas d'histoire, pas de récit sans héros, sans maître du récit.

Nous savons bien que tous les héros ne sont pas identiques, ils sont divers, distincts, aussi différents que les types de rapports que les hommes entretiennent avec leur représentation du monde. Il y a les héros mythiques, les héros tragiques ou dramatiques, les héros romantiques... Les uns sont fabuleusement forts, puissants, inépuisablement énergiques, les autres fragiles, faibles, forcément nonchalants ; les uns se révoltent contre leur destin, les autres s'y soumettent docilement ; certains sont victimes de la fatalité, alors que d'autres sont protégés par les dieux et bénis par les hommes, pendant que d'autres encore sont maudits des dieux et rejetés par les hommes. Chacun a sa grandeur propre et sa beauté particulière, révèle son charme fétide ou suscite un délicieux dégoût.

Au cinéma, le héros est aussi divers que dans les autres arts narratifs. Le héros de western n'est pas le héros du film d'horreur ou d'épouvante, le héros du film de « romance » n'est pas le héros du film de guerre, le héros du film policier ou d'espionnage n'est pas le héros du film d'anticipation. Le héros de *Vertigo* n'est pas celui de *Rio Bravo*, celui de *Autant en emporte le vent* n'est pas le héros de *Piège de cristal*. Notre héros, celui sur lequel nous concentrerons notre réflexion, appartient à cette catégorie des héros fabuleux, venus d'ailleurs (autre temps, autre lieu, autre planète, autre galaxie), il possède, de ce fait, des traits singuliers : voyance, prémonition, connaissance, force physique, invincibilité... Il est doté de capacités tout à fait extraordinaires : il vole dans les airs, il se transforme instantanément, il peut même prendre l'apparence de n'importe quel autre humain (*Terminator*), il dispose de moyens techniques exceptionnels (organes du corps, outils, instruments, armes).

Il est, comme beaucoup d'autres héros, invincible mais il a, de plus, cette donnée essentielle d'être missionné par une puissance supérieure, extra-terrestre ou, plus précisément, il est désigné par Dieu lui-même, touché par le doigt de Dieu, destinataire exclusif de la parole divine pour accomplir cette mission considérable et infinie : sauver l'humanité du désastre et de la destruction. Ce type de héros ne se trouve que dans le cinéma américain, et plus précisément dans le cinéma hollywoodien ; il s'articule souterrainement sur la pensée dominante affirmant que les États-Unis doivent guider et conduire le monde pour le salut de l'humanité [1].

---

1. http://usinfo.state.gov/fr/Archive/2006/Jan/3: « Dans son discours au Congrès et au peuple des États-Unis sur l'état de l'Union, prononcé le 31 janvier devant la Chambre des représentants et le Sénat réunis en séance plénière et diffusé en direct à toute la nation, le président George W. Bush a affirmé qu'en cette année 2006 « décisive », les États-Unis devaient exercer

Solitude et mélancolie du héros

Le héros a un corps. Peut-être même pourrait-on dire qu'il est un corps, mais un corps essentiellement porteur d'une très forte charge symbolique. Un corps terrestre, terriblement mondain, attaché à la terre, et pourtant un corps à peine terrestre tellement sa condition de héros fait de lui, de son corps, un individu hors du monde et hors du temps. À l'image des héros et des dieux de l'Antiquité, le héros cinématographique américain traverse les âges de l'humanité. Le corps du héros ne vieillit pas, ne change pas, n'évolue pas, ne devient pas autre ou différent. Il est ce qu'il est de toute éternité. Ne vieillissant, pas il ne peut pas mourir, il ne peut ni se corrompre ni se détruire, il renaît constamment, il ressuscite par magie ou par force : il reviendra dans l'épisode suivant. Il est, comme le corps du Christ, présent par sa représentation, présent par sa chair et son sang. Profondément mélancolique, il est hanté par le regret d'avoir quitté l'autre monde, d'avoir dû abandonner cet autre lieu dont il s'efforce de retrouver la trace infime dans notre monde terriblement plat et mesquin. Sa présence est signe de désastre mais aussi signe d'une perte irrémédiable. Le héros est l'homme du regret, quant à la foi disparue, et du remords de n'avoir pas pu empêcher cette disparition. Sa présence est signe de désastre mais aussi signe d'une perte irrémédiable. Orphelin, il est constamment à la recherche du père. C'est son sang qui va servir à cette purification, le sang réel de Rambo ou le sang fictif de Terminator.

Dieu est-il mort ? Annoncer la mort de Dieu n'est pas un acte innocent puisqu'il a pour conséquence de laisser l'homme à sa solitude et au sentiment tragique de son abandon. Figure à

---

dans le monde un rôle dirigeant en faveur de la paix et de la sécurité. « Dans cette époque complexe et difficile, la voie de l'isolationnisme et du protectionnisme peut paraître large et accueillante, mais elle ne mène qu'au danger et qu'au déclin. Le seul moyen de protéger notre peuple, [...] le seul moyen d'assurer la paix, le seul moyen de maîtriser notre destinée, c'est par notre rôle dirigeant. Les États-Unis d'Amérique continueront donc d'être en tête. » De son côté *Le Monde* du 2 février 2006, p. 4, titrait : « L'Amérique doit "conduire" le monde, affirme George Bush ».

la fois de l'homme et du sur-homme, le super-héros s'inscrit parfaitement dans la civilisation américaine qui se présente elle-même comme l'apogée de l'homme solitaire, de cet homme qui, seul, doit se battre contre tous les autres. L'une des figures marquantes en est le héros de western dont le super-héros moderne est l'héritier.

Silhouette de papier ou ombre sur un écran, le héros cinématographique de ces films n'en représente pas moins l'individu solitaire de la société moderne. Reprenant l'idée de l'homme inventée par le XVIIIe siècle européen, de cet homme qui doit construire seul son destin, les États-Unis exaltent jusqu'à l'excès cet individualisme comme trait fondateur de leur civilisation. Solitaire signifie libre de penser et d'agir, être responsable de soi et de l'autre. Mais cette liberté se paie d'un renoncement lourd de conséquences, la mort de Dieu le laisse devant le sentiment tragique de l'existence, seul face à l'univers et à tous les autres hommes.

L'idée puritaine d'un « monde abandonné par la grâce [1] » pèsera de façon décisive sur la formation de la culture américaine. À la solidarité et à la compassion que Rousseau voyait dans la nature de l'homme se substitue, aux États-Unis, l'idée que chacun doit assumer, seul, son destin. Dès lors peut naître le sentiment d'abandon d'un homme jeté dans le monde et responsable de lui-même. Configuration qui n'existe pas seulement dans le spectacle ou dans la représentation puisqu'elle est celle du spectateur de cinéma, seul devant le spectacle et seul responsable du jugement qu'il va porter sur ce qu'il voit. Responsabilité et solitude du regard, de la vision comme fondement du jugement esthétique. C'est de cette position que nous pouvons induire que la solitude du super-héros américain manifeste bien la solitude de l'homme d'aujourd'hui. « Le mécanisme moral, dit Luc Boltanski, doit satisfaire à la contrainte d'une société formée d'une collection d'individus séparés, sans se donner les facilités d'une solidarité tribale ou d'une communauté émotionnelle [2]. » Avec cependant

---

1. Luc Boltanski, *La Souffrance à distance.*
2. *Ibid.*, p. 81.

cette différence que la mélancolie du héros situe l'endroit de la perte non pas dans le fait que « le monde [est] abandonné par la grâce » mais dans la rupture de l'homme avec lui-même, dans cet homme qui a renié Dieu. Oubli de Dieu qui, selon ce discours, caractérise l'humanité d'aujourd'hui et que le héros serait chargé de combler en se faisant porteur d'un message évangélique selon lequel l'humanité n'est pas abandonnée pour peu qu'elle confie son destin au personnage du héros ainsi offert en sacrifice.

Par ailleurs, l'avènement de la société démocratique permet l'affirmation de l'individualité de l'individu, de son autonomie de pensée et de jugement, et donc de sa solitude, engendrant du même coup la conscience que le corps est le signe de sa présence au monde. Fierté du corps et désespérance de l'esprit, appréhension de la puissance de la pensée et de la fragilité du corps promis à la déchéance et à la mort, articulent dorénavant, dans la contradiction, la place de l'homme dans le monde et le tragique de sa situation.

Le super-héros cinématographique américain qui, dans certains films, se présente sans ambiguïté comme le sauveur de l'humanité, ne doit cependant pas être placé, sans plus de considération, dans la vaste catégorie des héros fabuleux, mythiques ou littéraires. Le héros cinématographique américain appartient à la fois à la figure universelle du héros et à la représentation que les Américains des États-Unis se font, par le moyen du cinéma hollywoodien, du caractère exceptionnel de leur destinée. Certes, tout film est une fable, et ces films, ces fables, ces fictions, sont censés parler d'abord aux Américains mais ils ont aussi (surtout ?) vocation à s'adresser à tous les hommes de toutes les nations. Il parle à tous mais il tient un seul discours. Opération qui n'est pas spécifique au cinéma, mais également chez un artiste plasticien comme Jeff Koons dont les « objets » « exaltent l'Amérique, son mode de vie, son culte du nouveau et de la richesse [1] ».

---

1. Philippe Dagen, « Jeff Koons honore Louis XIV », *Le Monde*, 12 septembre 2008, p. 22.

La littérature sur le héros cinématographique a largement développé le thème du héros solitaire et mélancolique. Le western, en particulier, a offert un large champ d'exemples de ce personnage, indéniablement porteur des valeurs fondatrices de la nation américaine qu'il est chargé de représenter de manière éminente. Mais on n'a peut-être pas assez souligné ce que pouvait impliquer la représentation de cette solitude. La solitude du héros fait en effet, de lui, une figure messianique. Comme le Christ des Évangiles, le héros est seul devant son destin, seul pour porter le poids de l'humanité, seul à devoir assumer les fins de l'homme d'où sa tristesse mélancolique et parfois tragique. Il prétend s'offrir à nous, spectateurs, comme celui qui représente l'humanité tout entière dans ce qu'elle a de plus noble et de plus élevé, comme celui qui assume les péchés et les fautes des hommes. Cependant cette figure messianique a son revers ou son envers : elle signifie, d'une certaine manière, la négation de l'autre. Solitude absolue, tristesse et mélancolie figurent donc parmi les attributs incontestables du héros. Le héros solitaire est une figure orgueilleuse et exclusive, elle réduit l'autre à n'être qu'une entité inférieure, nécessairement soumise aux pesanteurs terrestres alors que le héros s'élève seul dans l'empyrée. Le héros solitaire, ainsi représenté, n'est pas le signe de la condition tragique de l'homme moderne, il n'est pas une sorte de héros sartrien qui, jeté au monde crée, comme tout homme, l'essence de l'homme et la destinée de l'humanité ; il en est, au contraire, la contradiction. Il se présente à nous comme celui qui sait la vérité, celui qui dit le vrai et, ce faisant, il dénie à tout autre la capacité d'accéder à la vérité parce qu'il en connaît seul l'accès. La solitude du héros ne fait pas de lui le porteur du destin tragique de l'homme sans dieu, délaissé et abandonné, laissé seul face à son destin, mais la métaphore de l'homme orgueilleux parce qu'il se sait investi par la puissance divine d'une mission salvatrice.

Le sacrifice de soi appartient à cette logique, qui prend parfois une forme obsessionnelle dans l'obstination du héros à se vouloir seul porteur de vérité et d'absolu. À certains égards sa solitude est nécessaire comme son orgueil, faute de quoi il se réduirait lui-même à n'être rien de plus que le commun des hommes. Homme sans autre, il est à peine homme ; s'abandonnant à la mélancolie, il traverse en météore notre univers humain pour rejoindre au plus vite le temps et le lieu de son origine fabuleuse. Incontestablement intemporel, le héros signe de sa présence dans le récit la négation du temps, et même l'abolition de toute temporalité par une fantastique collision de tous les temps et de tous les espaces. Il nous donne à voir une manière de contamination ouverte du présent par le futur et une autre contamination, non dite, secrète, implicite, du présent par un passé non résolu. L'anachronisme n'est ni fortuit, ni accidentel, il appartient certes à tout récit fabuleux, à tout conte, à tout mythe, il est inséré, ici, dans le dessein d'exclure le destin de la nation américaine, des États-Unis, de toute Histoire, pour en faire, intemporellement, le doigt de Dieu sur le monde.

Figure exaltée de l'homme, le héros ne représente cependant pas le rêve d'une humanité nouvelle mais l'idée d'une humanité qui ne peut survivre qu'à la condition de confier sa destinée à un être exceptionnel, à un guide, un maître ou un gourou pour faire retour à une humanité originelle. Les qualités mêmes dont il fait preuve montrent à chacun que ce que fait, vit et accomplit le héros ne peut être que le fait d'un individu choisi par Dieu pour incarner sa volonté et pour guider son peuple dans la voie du salut. Ainsi, le héros exhibe son corps offert en sacrifice pour le salut de l'humanité. Il ne se présente pas à nous en héros apollinien mais en héros crépusculaire, prophète d'une fin du monde prochaine et certaine [1] ; il ne demande pas que l'humanité se réconcilie avec elle-même, il annonce, au contraire, que l'homme est l'ennemi de l'homme et qu'il doit, soit se faire lui-même guerrier de cette guerre sans merci, soit se ranger derrière le héros qui le protègera des forces du mal. Il y eut les premiers temps de l'humanité, équivalence fabuleuse et fastueuse, il y eut les premiers temps des États-

---

1. Dialogue entre John Connor et Kate Brewster dans *Terminator 3* : – John : Imagine qu'un jour tu doives faire un truc important, un truc formidable... le truc le plus important qui ait jamais été fait... Mais il y a un piège, il doit y avoir un truc horrible. Tu ne pourrais pas t'accepter si tu n'essayais pas d'empêcher ça, mais... / – Kate : De quoi tu parles ? / – John : La vie que tu mènes, ce que tu considères comme acquis, ça va pas durer...

Unis, les uns et les autres marqués comme temps de la pureté et de l'innocence. Assimilant les uns aux autres, le cinéma hollywoodien fait dire au héros que les premiers temps de l'humanité se sont reproduits dans les premiers temps des États-Unis. Mélancolique, regrettant la perte de cette belle origine, le héros sait que le destin lui réserve la mort et la souffrance. Il se sait voué au sacrifice, il adhère avec ferveur à cette destinée singulière et glorieuse parce qu'il a reçu pour mission de sauver le monde.

Le visible invisible

> « On peut dire que le sens prédominant au Moyen Âge a été la vision. [...] En enfer, c'est en premier lieu la vue qui prend de plein fouet le rougeoiement des flammes lucifériennes, tandis que l'odorat est agressé par la puanteur. Au paradis c'est la vue qui cette fois-ci récompense le corps ressuscité de l'élu qui s'adonne à la contemplation divine. » Jacques Le Goff et Nicolas Truong, *Histoire du corps au Moyen Âge*, p. 205.
>
> « Il n'y a pas d'art sans une forme spécifique de visibilité et de discursivité qui l'identifie comme tel. Pas d'art sans un certain partage du sensible qui le lie à une certaine forme de politique. » Jacques Rancière, *Malaise dans l'esthétique*, p. 63.

Le héros n'entre pas dans le discours, il ne s'offre pas à être entendu dans le temps durable de la parole, il se donne à voir dans l'immédiateté de la vision. Invisible en tant qu'individu ordinaire, il se rend visible en tant que héros. Il n'est héros que dans la mesure où il donne la représentation du héros telle que le spectateur s'attend à la trouver. Se rendre visible c'est accepter que son corps soit « à la fois voyant et visible [1] », c'est accepter d'être invisible. Le héros ne peut donc que s'offrir au regard de l'autre, il ne peut que présenter son corps enchanté à la vision du spectateur médusé et sidéré, il ne peut que se rendre

---

1. Maurice Merleau-Ponty, *L'œil et l'esprit*, p. 18.

invisible alors qu'il donne à voir non seulement son corps mais la chair ouverte de son corps prodigieux.

Le héros n'existe donc que dans cette représentation, dans cette mise en scène costumée de lui-même. Il parle peu. Masqué, dissimulé, secret il ne peut user que parcimonieusement de la parole au risque de révéler sa véritable nature. Ce laconisme obligé contraint à privilégier la vision dans la représentation d'un héros qui ne s'offre qu'au visible. Nous ne savons ce qu'il est, nous ne saisissons le sens de sa présence au monde que par l'action qu'il mène et les gestes qu'il accomplit, dans la perfection du visible sans ombre qui nous est proposé par le cinéma comme une théâtralisation de l'invisible [1].

Toute représentation figurée (peinture, sculpture, photographie, cinéma) s'impose comme une réflexion sur le visible et, par conséquent, sur le non-visible. Qu'est-ce qui peut être rendu visible (ou désigné comme non-visible) par ce moyen ? Énigme de la visibilité, selon Merleau-Ponty, dont les arts figuratifs ne sont que la célébration [2]. Énigme, en effet, que célèbre aussi le cinéma. Quelle que soit la valeur que l'on donne à tel ou tel film, il n'y est en effet question que de visibilité et de la question fondatrice de tout cinéma depuis les premiers films des frères Lumière : « Qu'est-ce qui peut être rendu visible par le moyen du film ? » Et, par conséquent, qu'est-ce qui ne peut pas être rendu visible (invisible, non-représentable) ? Énigme du visible ou énigme de la représentation ? Le visible fait voir à condition de ne pas occulter la vision. À vouloir tout faire voir, un certain cinéma interdit la vision comme, en voulant tout éclairer, une lumière trop vive aveugle et rend invisible ce qu'elle était censée montrer.

Toute image peut engager à aller au-delà du visible comme le fait Barthes lorsqu'il voit dans la photo du jeune condamné à

---

1. Voir Georges Bataille, *L'expérience intérieure*, *Le Coupable*, *Les Larmes d'Eros*.
2. « [...] pure ou impure, figurative ou non, la peinture ne célèbre jamais d'autre énigme que celle de la visibilité », Maurice Merleau-Ponty, *L'œil et l'esprit*, p. 27.

mort, celui qui va mourir en appliquant à sa vision de la photographie un savoir qui n'y est pas contenu, savoir qui lui est donné par la légende qui, ainsi, le renvoie au non visible de la photo. Mais peut-on voir autrement ? Peut-on voir autrement qu'en investissant, dans le regard sur la photo, toute une configuration de savoir et de mémoire ? C'est-à-dire à un au-delà de la simple figuration que propose l'image. Voir, reconnaître, identifier, signifie capitaliser ce savoir accumulé. Mais aussi insuffisance du savoir pour voir, ce que nous dit Georges Bataille devant la photo du supplicié chinois : la vision comme ce qui touche à des régions inabordables de l'être : le visible invisible.

D'où la question du visible : qu'est-ce que voir ? Les chrétiens placés devant les tableaux de leurs églises savaient immédiatement qu'ils avaient devant eux saint Roch en raison du chien qui l'accompagnait, saint Pierre parce qu'il portait des clés ou saint Sébastien parce que son corps était percé de flèches. Simplicité, naïveté, innocence de la pure vision. Auraient-ils pu voir autre chose ? Mais ils voyaient bien aussi autre chose : l'histoire dans laquelle entraient ces figures familières. Qu'auraient-ils vu autrement ? Que pourrait voir celui qui ignorerait tout de cette histoire sinon des personnages bizarrement accoutrés ? Certes, il y a bien autre chose que l'image dans l'image, dans la mesure exacte où l'image, la *figure*, n'est que le signe d'un déplacement, un vestige ou un symptôme, le signe d'une absence. « Ainsi, écrit Georges Didi-Huberman, lorsqu'un homme du Moyen Âge contemplait le sépulcre peint par Giotto dans la chapelle Scrovegni de Padoue [...] que devait-il donc y voir, sinon l'élémentaire vérité exégétique mise en œuvre dans chaque sermon qu'il écoutait à chaque messe ? Comment aurait-il pu ne pas voir cette allégorie de la mort *et* de la mort dépassée – obsession centrale du christianisme –, cette vérité doctrinale qui jetait un pont de nécessité entre la naissance virginale du Sauveur, sa mort et sa résurrection hors de ce lieu presque vivant, que chacun ne manquait pas de comparer, afin de boucler la boucle du temps sacré, à l'*uterus Mariae* lui-même [1]. » Le visible comme injonction : Didi-Huberman dit bien « que *devait-il* » voir. Or n'est-ce pas ainsi que se présentent précisément Rambo ou Terminator ? Comme injonction de ne voir que ce qui est montré. Pas au-delà.

Investir la vision, la revisiter fait apparaître que notre rapport au monde s'établit sur le voir avant la vision. Voir ce n'est donc pas seulement voir des choses, des hommes et des gestes. La vision ne nous donne jamais que l'occasion de voir. Accéder aux régions inabordables de l'être c'est, pour Bataille, renoncer à la vision et au visible. Voir outrepasse toujours le visible, parce que notre rapport au monde (aux choses visibles) s'instaure non sur la vision mais sur le désir. La littérature policière et le film policier se fondent sur cette idée que voir nous fait accéder à l'informulable. Voir c'est s'engager comme sujet « voyant/être-vu » dans un monde où il y a du visible, de l'invisible et du non-visible. C'est toucher à ces régions inabordables de l'être.

Au cinéma, c'est aussi une question d'adresse, une certaine manière de s'adresser au spectateur. Nous nous disposons donc à ce qui va nous être donné à voir et, par avance, nous nous commettons avec le renoncement. Quelle disposition adoptons-nous lorsque nous sommes devant des « héros » tels que Terminator, Rambo, Batman ou Superman ? Nous espérons le héros annoncé, et, le voyant, nous attendons de lui que, comme dans tout rituel, il fasse certains gestes, prévus et prévisibles, qu'il accomplisse certaines actions, qu'il parle dans les termes convenus, qu'il soit là où nous ne pourrons jamais être. Nous ne lui parlons pas, le film n'attend rien de nous, sinon que nous nous mettions à son service. Comme dans tout film, le héros doit exhiber les vertus qui appartiennent, par essence, à tout héros : le sens de la justice, l'humanité de son comportement, une certaine faiblesse de sentiment ; il a ici aussi un contrat avec le spectateur, il ne peut pas être lâche, pusillanime, velléitaire, hésitant mais, au contraire, courageux, hardi,

---

1. Georges Didi-Huberman, *L'image ouverte*, p. 220.

déterminé, direct, substitut de tout ce que le spectateur ne peut être ou doit renoncer à être.

Or, la question du visible ne répond pas à toutes les interrogations : voir suppose, en effet, que quelque chose soit représenté de telle sorte que ce « donné à voir » existe dans une figure. Mais, peut-on tout représenter ? Certaines choses, certaines idées, certains événements sont-ils irreprésentables ? L'irreprésentable c'est ce qui ne peut avoir de représentation. Cela revient-il à dire que tout objet de pensée ne peut recevoir de représentation figurée ? Selon Jacques Rancière, le contraire de la représentation classique n'est pas l'irreprésentable, c'est l'art anti-représentatif « qui n'est pas un art qui ne représente plus ; c'est un art qui n'est plus limité dans le choix des représentables ni dans celui des moyens de représentation [1]. » Ce qui est en question c'est donc bien le visible et l'invisible. L'exemple choisi par Rancière, le film *Shoah*, est doublement intéressant : en ce qu'il parle de cinéma, et de représentation de ce qui n'est pas montré parce que pas montrable et donc pas visible mais représenté tout de même. Rancière formule, à cette occasion, l'idée que l'irreprésentable ne peut être pensé qu'à partir de l'existence de normes de la représentation. « Elles interdisaient de représenter certains spectacles, elles commandaient de choisir telle forme pour tel sujet, elles obligeaient à déduire les actions des caractères des personnages et des données de la situation selon une logique vraisemblable des motivations psychologiques et des enchaînements de causes et d'effets [2]. » C'et à partir de *Shoah* que Rancière figure ce que peut être un art anti-représentatif, puisque le film montre « qu'il est possible de représenter l'extermination des Juifs sans la déduire d'aucune motivation attribuable à des personnages ou d'aucune logique des situations, sans montrer ni chambres à gaz, ni scènes d'extermination, ni bourreau, ni victimes [3]. »

Cet art, que Rancière appelle anti-représentatif, dont il donne d'autres exemples – « aussi bien la peinture faite de seules lignes ou carrés de couleur que d'un art des installations,

---

1. Jacques Rancière, *Malaise dans l'esthétique*, p. 166.
2. Jacques Rancière, *ibid*.
3. Jacques Rancière, *ibid.*.

réexposant simplement des objets ou des images empruntés au monde de la marchandise et de la vie quotidienne » –, est au contraire sur-représentatif puisqu'il abolit les frontières de la représentation pour l'ouvrir à des domaines qui lui étaient interdits. Et, donc, si nous suivons le même raisonnement, nous pourrions dire que des films comme *Rambo* ou *Terminator* en excédant toute représentation possible par leur démesure, en voulant tout montrer, tout rendre visible, n'aboutissent finalement qu'à l'exhibition de leur propre impossibilité à se rendre visibles. Le film, invisible, fonctionne alors comme le rêve selon Freud. Le rêve unit les contraires selon une articulation invisible au rêveur. Dès lors qu'il s'agit d'accomplir un désir, le film se met en mesure de concilier l'inconciliable, de faire exister ensemble sur l'écran : la pesanteur et la légèreté, le terrestre et le céleste chez le même personnage (Spiderman), ou chez deux personnages opposé le rigide (Batman) et le flexible (L'Homme mystère). Le parfaitement visible du film, dans sa fonction de fascination, opère comme un leurre auquel se prête le spectateur, consentant ainsi à son propre aveuglement.

Il est bien évident que chaque film doit, pour fonctionner comme film, déterminer l'univers d'affects auquel le spectateur est invité à adhérer. Notre expérience nous porte à percevoir ce que nous nous attendions à percevoir, de même que, quand nous allons au cinéma, nous savons ce que nous allons y trouver : de quoi justifier notre existence ou notre mauvaise foi ou l'excuse de notre lâcheté. Ce genre de films ne se donne pas à nous comme un discours visant à solliciter notre parole et notre discours, non pas comme une offrande destinée à lever le doute et l'incertitude sur notre rapport à l'autre, mais comme ce que nous devons accepter par un acte de renoncement à ce qui était le fondement de notre liberté.

Le corps de cinéma

Empreinte d'empreinte
Le double et son ombre

Hiérarchie et dépendance : le héros obéit nécessairement aux règles de la construction du récit, il n'est qu'un signe dépendant de l'ensemble des signes qui composent la diégèse, il n'existe que dans la différence et l'écart, comme empreinte. Dans un genre cinématographique fortement codé, chaque personnage occupe une place singulière dans une hiérarchie relativement stable. Mais occuper une place inférieure dans cette hiérarchie signifie tout autant que se trouver à une place supérieure du fait que chaque personnage, par les relations qu'il entretient avec les autres personnages et avec la diégèse, donne existence au héros. Construction à la fois hiérarchique, pyramidale et panoptique : non seulement chaque ligne converge vers le héros de manière à en faire la matrice de tout le récit et de tous les récits partiels dans le film, mais encore l'ensemble des éléments présents dans le film (chaque séquence et même chaque plan) n'a d'autre fin que construire la figure exaltée du héros. Construction à l'image de la société féodale ou du panthéon chrétien où tout converge vers le souverain et rien n'a de sens qu'à concourir à en construire la figure et le sens : chaque élément y est sous la dépendance d'un élément supérieur, jusqu'à celui qui ne dépend que de lui-même : le souverain (mais il est soumis à la volonté divine), Dieu... Ou le superhéros lequel, dans le film, est le seul à ne devoir son existence de héros qu'à lui-même. Comme tout signe, le personnage ne prend consistance qu'à l'intérieur du système des différences définies par les règles du récit.

Il est bien évident – et d'autant plus évident que la mise en scène le manifeste ostensiblement –, que dans *Batman* tout personnage étant double, chacun doit donc à la fois montrer et cacher, exhiber visiblement et masquer soigneusement. Empreintes opposées et symétriques, ils ont chacun leur masque séduisant (Batman), hilare (le Joker) ou sévère (Alfred, le majordome), par lequel se représente leur personnage public. Batman est aussi Bruce Wayne selon qu'il porte ou non le costume qui l'identifie comme le défenseur de l'humanité ou comme le citoyen ordinaire de Gotham City. Superman est aussi le pâle journaliste appelé Clark Kent à propos duquel Quentin Tarantino, dans *Kill Bill 2*, fait dire à Bill que Superman n'est ce qu'il est que par son costume et que Clark Kent, le négatif de Superman, est la figure de l'accusation portée contre l'humanité parce qu'elle est timide, effacée et lâche. Mais les choses sont peut-être un peu plus complexes. On peut, en effet, dire que dans *Kill Bill*, Béatrice Kiddo, la Mariée, et Bill sont les deux faces d'un même personnage, de même que dans *Batman*, *Superman*, *Rambo*, *Robocop*, *Piège de cristal* comme dans d'autres, le héros et son/ses adversaire(s) appartiennent à la même entité. L'empreinte de l'un efface ou renforce l'empreinte de l'autre, de telle sorte que l'un est le fantôme de l'autre, chacun figurant l'absence de l'autre. Le thème n'est pas rare, on le trouve aussi dans *Incassable* (*Unbreakable*, M. Night Shyamalan, 2000), dont le thème est que la BD dessine un monde à la fois réel et énigmatique dans lequel la part de secret serait que tout homme a un double vivant dans le même temps et opposé dans ses actes et dans ses pensées. La métaphore est évidente ; il faut toutefois relever que le bon côté (le bien) est, dans *Incassable*, incarné par Bruce Willis, l'indestructible qui s'ignore comme tel, blanc, sportif de haut niveau, simplement victime de la pusillanimité de son épouse, et le mauvais côté (le mal) représenté par un Samuel L. Jackson, homme de couleur, infirme et fragile. Spectateurs admiratifs des exploits du héros, nous ne sommes pas invités mais enjoints à aimer ou haïr, les rôles sont distribués, nous y sommes contraints comme le spectateur du match de catch décrit par Roland Barthes qui ne peut choisir qui aimer et qui détester.

Dans *Batman*, Batman est le même et l'opposé complet, et sur tous les plans, du Joker. Chacun des traits de Batman trouve son exact opposé dans un des traits du Joker. Deux faces d'un même personnage, Batman et le Joker sont de pures idéalités, c'est-à-dire de pures figures de l'absence. Pour trouver l'homme dans Batman il faut lui adjoindre le Joker (*Batman*, Tim Burton, 1989), ou le Pingouin (*Batman le défi* [*Batman*

Returns], Tim Burton, 1992) ou, mieux encore, dans *Batman Forever* (Joel Schumacher, 1995), l'associer à la fois à Double-Face et à L'Homme mystère. Le film tourne alors autour du thème du double et du dédoublement : Batman a une double vie, le Joker, le Pingouin, Double-Face et L'Homme mystère sont des schizophrènes, les trois premiers ayant ce signe marqué dans leur corps à la suite de la défiguration qu'ils ont subie. Thème énoncé de manière encore plus ouverte dans *Spiderman 3* (Sam Raimi, 2006), où le héros devient son propre ennemi dès lors que, revêtu de la peau noire qui éveille ses mauvais instincts, il entreprend de se venger au lieu de faire régner la justice [1]. Présence et absence prétendant montrer que le héros a aussi des mauvais instincts qui sont simplement masqués lorsqu'il joue à être Spiderman. Il y a donc à la fois opposition et complémentarité. Ce « glaive de justice » qu'est Batman, ce phare de la loi et du droit, n'agit pas au grand jour mais la nuit, il signifie en même temps une chose et son contraire : la lumière et l'ombre, la franchise et la dissimulation, la justice et la vengeance. Il est à la fois présent et absent, visible et invisible ou plutôt visible parce qu'invisible : il n'est visible qu'à la condition de demeurer invisible, comme Dieu... Or, si le Joker est le double noir de Batman, aimant Batman nous aimons aussi forcément le Joker. La chose paraît trop simple. En fait le spectateur n'aime l'un et ne déteste l'autre que pour entrer dans le jeu du film. Tout est fiction, y compris lui-même lorsqu'il s'engage ainsi dans la fiction du film. Ce qu'il aime, ce n'est ni Batman, ni le Joker, c'est le film, c'est lui-même dans le film.

Batman et le Joker (ou Double-Face ou le Pingouin) n'existent ensemble que dans la différence avec les autres personnages du film – avec Alfred, le majordome de Batman, avec les complices du Joker, avec les habitants de la ville, avec les journalistes –, ajoutant ainsi à l'ambiguïté fondamentale de chaque personnage... En effet, la défiguration ne s'applique pas seulement aux personnages désignés par ce moyen comme des

---

1. Cf. le récit moralisateur sur le refus de la vengeance que lui tient sa vieille tante.

ennemis de l'humanité, elle concerne aussi bien Batman, Superman ou Spiderman et même Rambo ou Terminator dans la mesure où ils sont méconnaissables parce que grimés et masqués ou parce que leurs traits sont altérés. Lecture strictement structuraliste du récit de fiction qui permet de comprendre comment les règles de composition du récit réglementent aussi le comportement de chaque personnage dans la diégèse, de sorte que le dispositif n'a pour fonction que de concentrer le regard du spectateur, et uniquement le regard, sur le héros situé au sommet de la construction hiérarchique.

Arbitraire et nécessité, hiérarchisation et dépendance lorsque l'on considère que le héros est comme la figure d'une carte à jouer (autre forme de l'empreinte) qui n'a de sens et de fonction que par la différence qu'elle entretient avec toutes les autres cartes du même jeu. D'ailleurs dans *Batman* le nom donné à l'adversaire du héros signe ostensiblement ce rapprochement avec le jeu de cartes où le joker peut remplacer n'importe quelle autre figure. Et, dans *Batman Forever*, lorsque L'Homme mystère (Nygma) s'introduit, grâce à son invention, dans l'esprit de Batman, il n'y trouve que le vide. Certes, toujours dans *Batman Forever*, il y a bien, dans la vie de Batman, un mystère signifié par les deux roses jetées sur le sol – qui pourraient très bien renvoyer au *Rosebud* de *Citizen Kane* –, rappel de l'enfance perdue, entachée de remords du héros. Représentations de représentations. Nous sommes ici dans une sorte de palimpseste, renvoi à l'infini d'une représentation à l'autre. La métaphore du jeu a d'autant plus de raisons d'être que, comme dans la langue, le jeu paraît être la matrice fondatrice du sens résultant de la circulation des signifiants. Mais toutes les cartes du jeu constituent aussi un ensemble hiérarchisé, chaque carte ayant une valeur absolue et différentielle, dont la plus haute est le roi ou l'as.

L'idée que tout homme est complexe, parfois contradictoire, ni parfaitement bon ni absolument méchant, n'est pas propre au cinéma, c'est une idée commune faisant appel au simple bon sens du spectateur. Il est alors manifeste que dans ces films, le combat, celui auquel le spectateur est invité à s'associer est censé représenter la lutte que tout homme doit mener pour détruire, éliminer, effacer en lui-même cette part maudite qui lui fait commettre le mal. Mais *en lui*, ce qui signifie, hors de tout discours, c'est-à-dire hors de toute présence de l'autre ; d'un autre qui est alors reconnu comme non-existant. Remarquons encore que si dans le roman ou dans d'autres types de films, le héros ne peut accomplir que ce qui est conforme au statut social qui lui a été attribué, il n'en est pas de même dans un grand nombre de films où apparaît le super–héros américain, lequel n'a strictement aucune fonction sociale déterminée : c'est évident pour le Terminator qui, lui, vient du futur, mais on peut faire la même constatation pour Rambo, pour Spiderman, pour Batman et Superman (même si ces derniers sont affublés d'une profession de façade).

C'est bien toujours par sa différence que chaque signe incarne son sens. Refus du discours qui signifie refus de s'adresser à l'autre, d'entendre l'autre, de se mettre à son écoute et à portée de sa voix, de voir son visage, face à face. La gestuelle du héros, codifiée et emblématisée, construit son blason (son empreinte, c'est-à-dire son absence) et laisse dans l'ombre sa part secrète ou obscure. Sans oublier l'opposition, implicite celle-là, selon laquelle le héros est là comme le signe visible que ce combat doit être mené et qu'il en sortira invariablement vainqueur, mais seul. Il nous est ainsi enjoint de ne pas confondre le vrai héros, qui ne peut être qu'Américain, et ces faux héros, beaux parleurs, passés maîtres dans l'art de la séduction qui ne visent qu'à entraîner l'humanité sur la voie de la perdition et de la dégénérescence. Rien ne compte que le geste salvateur du héros.

2. Gestuelle

> « *C'est donc le corps du catcheur qui est la première clef du combat.* »
> Roland Barthes, *Mythologies*, p. 15.

Le corps, le geste

Le corps dépose son empreinte sur le film et disparaît, n'y laissant subsister que le spectre de sa présence diaphane. Le corps fait écran et, comme l'écran, il est ce qui cache et ce qui montre. Il est voyant et visible. « Un corps humain, dit Merleau-Ponty dans *L'œil et l'Esprit*, est là quand, entre voyant et visible, entre touchant et touché, entre un œil et l'autre, entre la main et la main se fait une sorte de recroisement, quand s'allume l'étincelle du sentant-sensible, quand prend ce feu qui ne cessera pas de brûler, jusqu'à ce que tel accident du corps défasse ce que nul accident n'aurait suffi à défaire... » Ainsi la main dévoile et dérobe, le doigt désigne et dénie. Le geste fait sens, parfois au dépit de celui qui le commet, selon la place du corps dans l'espace de l'écran, son déplacement, le temps de son action. Jacques Le Goff et Nicolas Truong montrent comment, au Moyen-Âge, dans sa représentation imagée, l'ambiguïté de la main retient des sens opposés puisqu'elle est « le signe de la protection et du commandement », mais aussi « l'instrument de la pénitence et du travail inférieur [1] ». Le signe de la main signe et désigne le corps comme porteur de sens, il lui assigne sa place, sa position et sa fonction. « Cette

---

1. Jacques Le Goff et Nicolas Truong, *Une Histoire du corps au Moyen-Âge*, p. 188.

ambiguïté de la main se retrouve dans le geste symbolique de la vassalité, l'hommage, qui se trouve au cœur du système féodal. Le vassal place ses mains dans celles du seigneur en signe d'obéissance mais aussi de confiance [1]. » Lorsque le corps n'est pas à sa place le désordre s'inscrit dans le cours du monde (le corps de Batman, de Superman ou de Rambo), mais dans le discours du film il n'y a pas de corps, seulement l'empreinte du corps qui, elle, est toujours à sa place dans le champ narratif du film. C'est lorsque l'empreinte détourne le corps de sa place que s'opère le dévoiement du sens comme dans *Batman*, *Superman*, ou *Superman*.

Remettre le corps à sa place ce n'est pas seulement lui conférer une position particulière dans l'espace – car ce serait alors le considérer à l'égal de tout autre chose –, c'est aussi prendre en compte qu'il est, certes, un objet du monde mais un objet qui parle. Et qui ne parle pas exclusivement en usant de la parole, dont chacun conviendra qu'elle est, dans ces films, parcimonieuse et même d'une particulière rareté, mais par tout son corps. Si toute société, tout groupe humain, définit un usage réglé du corps qui fasse sens, cela signifie qu'il y a toujours une norme et un écart. Le corps dans la fable désigne l'écart ; l'empreinte du corps de *Rambo* ou de *Terminator* annule la norme, lui dénie toute valeur.

S'il n'y a pas une manière « de droite » ou « de gauche » d'ouvrir une porte ou de monter un escalier, selon Jacques Rancière, il y a donc une sorte de neutralité du geste. Cependant, il faut bien questionner le sens que peut engendrer l'ensemble des gestes d'un personnage dans la mesure où cette gestuelle, tout inventée à dessein, doit faire sens pour le sens du film. Dans *La Prise du pouvoir par Louis XIV*, Roberto Rossellini interroge la nature et les formes que le pouvoir peut prendre lorsqu'il doit s'exercer sans partage. Il montre donc un roi qui, dans sa jeunesse, se souvenant de la Fronde, doit s'imposer en maîtrisant une noblesse orgueilleuse et toujours prête à comploter. Voulant assurer sa domination, le roi transforme à la fois son corps, son apparence et l'espace dans

---

1. Jacques Le Goff et Nicolas Truong, *op. cit.*, p. 188.

lequel il va concentrer les instruments de son pouvoir. Rossellini insiste sur l'excès en tout par lequel le roi entend asseoir sa puissance. D'abord par la célébration du corps du roi dans la danse, ensuite par le luxe en toute chose, la surabondance, l'accumulation et l'extravagance des vêtements, puis par le cérémonial et la multiplication des plats du repas que le roi prend seul ; enfin par la magnificence du château de Versailles qu'il fait construire pour y concentrer sa noblesse et éblouir les ambassadeurs des autres nations. Film que l'on peut comprendre aussi comme un film sur le cinéma, sur le pouvoir du cinéma qui, par la magie des apparences, crée un univers qui, dans l'esprit du spectateur, a la force de conviction du réel tout en ne donnant à voir qu'une empreinte, un fantôme de monarque, un réel dont l'origine est absente. Le film de Rossellini, en dépit de la distance qui le sépare de *Rambo* ou de *Terminator*, pourrait bien se présenter à nous comme emblème et comme modèle théoriques. Emblème parce qu'il rassemble en une seule figure tous les éléments qui se retrouvent dans la plupart des films où le héros américain est présent. Modèle parce qu'il peut servir de fond auquel se référer pour interroger des films pourtant bien éloignés de la pensée et de l'esthétique cinématographique de Rossellini. De même que Louis XIV construit le château de Versailles pour exhiber avec une splendide ostentation une puissance insurpassable, de même les États-Unis font les films les plus riches possibles, où « l'argent doit se voir sur l'écran » comme disent certains producteurs hollywoodiens. On aurait donc, avec ce genre cinématographique, une manière de *potlatch*, une logique de la profusion et de la dépense. Ainsi, les films qui représentent ce type particulier du héros américain [1] travaillent sur l'excès, la dilapidation, la consumation, l'ostentation mais aussi sur l'outrance et la démesure, afin que nul n'ignore que la puissance américaine ne reconnaît qu'à elle-même le droit moral de légiférer sur le monde [2]. Et c'est le corps du héros qui se présente à nous comme la figure de cette puissance et de cet

---

1. Voir Jean Ungaro, *Américains héros de cinéma*.
2. Sur la notion d'excès, voir G. Bataille, « La notion de dépense » in *La Part maudite*, et Jean Piel, « Introduction », *ibid.*, p. 17.

excès en exhibant une musculature hors du commun, une surabondance de chairs glorieuses (ou, parfois, ouvertes, déchirées, dépecées, sacrifiées) et d'actions extravagantes, tout en réduisant la parole à ce qui est strictement nécessaire au récit. Montrant que c'est l'action, l'action du corps qui est déterminante, il fait de son corps un discours performatif. La mise en scène du corps doit exposer, rendre visible cette gestuelle déclamatoire et occulter tout autre forme de discours.

La ritualisation du geste vient au cinéma depuis une origine effacée et comme perdue. « La civilisation des mœurs du Moyen Âge est une civilisation des gestes. Dans ce monde idéalement tourné vers la spiritualité, le renoncement à la chair et les temples de pierre, la gestuelle n'a rien de naturel. Dans cette société fortement ritualisée, les gestes – mains jointes de la prière, baiser de l'hommage vassalique, promesses et contrats oraux –, les mouvements et les attitudes du corps sont au cœur de la vie sociale. Les représentations et les habitudes aussi [1]. » Représentation imagée visant à faire voir, et à pérenniser, l'ordonnancement de la société et les relations qui y sont prescrites. Le cinéma n'invente pas la gestuelle. Destinée à signifier, autrement que par le langage oral ou écrit, la gestuelle appartient à l'homme depuis l'origine (elle serait à cet égard, pour certains, antérieure, en tant que système de communication, à l'apparition du langage [2]) et elle relèverait immédiatement d'une ritualisation et d'une « mise en scène ». La question qui demeure est celle de savoir s'il y a une gestuelle spécifique au cinéma ou, à tout le moins, une gestuelle commune utilisée à des fins spécifiques et, plus particulièrement dans les films qui nous intéressent ici.

Dans ce genre cinématographique, il y a ce que Roland Barthes trouvait dans le match de catch : la même outrance du geste, le même enchaînement de figures convenues, la même articulation de situations prévisibles et attendues par le spectateur. « Le physique des catcheurs institue donc un signe

---

1. Jacques Le Goff et Nicolas Truong, *Une Histoire du corps au Moyen Âge*, p. 163.
2. Cf. Tran Duc Thao, « Le Mouvement de l'indication comme forme originaire de la conscience », in *La Pensée*, n° 128, août 1966.

de base qui contient en germe tout le combat. Mais ce germe prolifère car c'est à chaque moment du combat, dans chaque situation nouvelle, que le corps du catcheur jette au public le divertissement merveilleux d'une humeur qui rejoint naturellement un geste. Les différentes lignes de signification s'éclairent les unes les autres, et forment le plus intelligible des spectacles. Le catch est comme une écriture diacritique : au-dessus de la signification fondamentale de son corps, le catcheur dispose des explications épisodiques mais toujours bien venues, aidant sans cesse à la lecture du combat par des gestes, des attitudes et des mimiques qui portent l'intention à son maximum d'évidence [1]. »

Comme dans le catch – lui aussi mis en scène –, y aurait-il un langage des gestes propre au cinéma ? Au cinéma, comme au cours du match de catch, mais aussi comme au théâtre, comme à l'opéra, comme dans la vie quotidienne les discours, d'où qu'ils viennent, s'entrecroisent constamment et parfois se contredisent. Le corps peut dire le contraire de ce que disent les mots. Procédé souvent utilisé pour exprimer la peur, la fanfaronnade, la présomption, l'orgueil, la fatuité ou l'outrecuidance. Nous ne parlons pas seulement grâce au verbe, nous nous exprimons, et souvent de manière plus expressive et plus directe, par notre corps tout entier. Sans aller jusqu'aux excès auxquels la passion amoureuse, la jalousie, la colère ou la fureur peuvent porter l'expression du corps, il faut bien convenir que ce n'est pas d'aujourd'hui que l'on concède au geste le pouvoir d'exprimer silencieusement ce que la parole ne peut ou ne veut transmettre. Jean-Claude Schmitt relève ainsi qu'au XIIe siècle « les gestes passés et présents [...] relèvent d'un code rigoureux des honneurs [...] porter l'épée de l'empereur, s'asseoir à ses côtés, coiffer son bonnet, ne sont pas simple affaire d'étiquette : ces gestes font les hommes ce qu'ils sont [2]. » Ce dont on trouvera encore confirmation dans *Les techniques du corps* lorsque Marcel Mauss décrit à la fois comment notre corps porte la trace de la manière dont il a été

---

1. Roland Barthes, *Mythologies*, p. 16.
2. Jean-Claude Schmitt, *La Raison des gestes dans l'Occident médiéval*, p. 14.

formé par les comportements qui nous ont été imposés – différents dans chaque culture –, et le caractère de convention et de convenance qui détermine chacun de nos gestes.

Le geste a, au cinéma, une fonction expressive particulière, et cela quelle que soit la catégorie de films considérée. Que l'on prenne l'exemple de John Ford, de Carl Dreyer ou de Robert Bresson, que l'on choisisse Howard Hawks, Ozu ou Tarkovski on verra que la mise en scène s'applique à mettre en exergue certains gestes et à les faire sur-signifier. Il est bien certain que, si la gestuelle ne constitue pas une langue au sens rigoureux du terme cependant, dans tout spectacle, le geste a un sens, mais il n'a de sens que dans le système des gestes du film : le doigt de Stumpy désignant Dude dans *Rio Bravo*, n'est pas le doigt de Nosferatu dans le film de Murnau, la parcimonie des gestes chez Ozu n'est pas la stricte économie du comportement chez Rossellini, le gros plan des mains dans *Picpocket*, de Robert Bresson n'est pas le gros plan des visages dans *Jeanne d'Arc* de Dreyer ou dans *La Grève* de S. M. Eisenstein.

Il nous faut donc interpréter le geste, en tant qu'il désigne son empreinte, comme un *événement*. Un événement qui situe l'avènement du récit dans le film, ou ce qui advient à chaque personnage pour que le film ait lieu, pour que l'empreinte du corps passe pour le corps et fasse oublier son absence. Le geste est l'impérieuse nécessité du personnage, et cela même si c'est le hasard, l'imprévu, l'accident, l'impromptu, l'intempestif qui font que le geste, à ce moment précis du film, inscrit le personnage dans le récit pour que celui-ci puisse aller jusqu'au bout de son destin de film. Le geste fait advenir le film comme réel, c'est-à-dire comme empreinte. Non que le film n'ait lieu d'être qu'à la condition du geste mais celui-ci doit être pensé non comme un simple possible qui pourrait ou non advenir au film mais comme un *compossible* (pour reprendre le vocabulaire de Deleuze) agencé avec d'autres *compossibles*. Le geste est ainsi, parmi d'autres éléments, l'un des arrangements possibles du réel du film, son apparence ou son empreinte, ce qui trace la voie et écarte toutes les autres possibilités. Le geste en tant qu'événement se produit dans le chaos du film afin de sortir le film du chaos. Mais, de même que, simple virtualité, le chaos n'existe pas, de même le chaos du film n'existe pas, il n'est, lui aussi, que pure virtualité, le film n'existe que comme sortie du chaos en une unité réglée.

En tant qu'événement, le geste est une didactique, il enseigne non seulement au spectateur ce qu'il doit savoir du récit mais, en supplément, il renseigne le film sur son destin de film. L'empreinte du geste, en cela qu'elle appartient à l'ordre du visible, à la visibilité du récit, à ce que le film a de visible, dessine à la fois la scansion du film mais, événement, elle extrait le film du chaos où il pourrait être plongé, pour lui faire tenir le fil de son destin.

Tarzan et la gestuelle du premier homme

Sa gestuelle définit le héros et le situe à sa place dans une sorte de taxinomie implicite. Tarzan est un héros au corps nu, lisse, aérien. Son geste est ample, élégant, presque raffiné. Il nage avec souplesse, sa course est toujours belle et comme effectuée sans effort. Même quand il combat il ne perd rien de sa grâce naturelle. Référencé comme homme de la nature, il trouve sa justification et son interprétation chez Jean-Jacques Rousseau. Avant de rencontrer Jane, Tarzan ne parle pas. Rousseau établissait ce rapport entre l'homme à l'état de nature et l'absence de parole en vertu de l'idée que le geste est expressif avant que la parole ne prenne le dessus et ne rejette le geste à un simple auxiliaire de l'expression. Or, c'est la communauté des hommes qui exige d'eux qu'ils s'expriment à l'aide de mots et non plus de gestes. Tant qu'il est seul, Tarzan n'a pas besoin de la parole, il n'y recourt que poussé par Jane qui, par son éducation, est déterminée d'en user spontanément. Dans ses rapports avec sa famille naturelle, les singes, Tarzan comprend la signification de la gestuelle simiesque mais ne l'utilise pas pour son propre compte pour se faire entendre par ses amis humains. Il y a entre lui et les animaux une sorte de compréhension instinctive et instantanée qui semble rendre inutile tout autre forme d'expression. De ce fait, la gestuelle des premiers *Tarzan* est relativement pauvre mais on trouvera dans *Greystoke* [1] une représentation très différente du rapport entre le geste et la parole. Dans ce dernier film, Tarzan parle, mais c'est aussi le seul film dans lequel il donne à voir une gestuelle par laquelle il communique des sentiments à sa famille de singes, montre son appartenance à son milieu naturel et récuse la vie civilisée. Tarzan c'est donc la primordialité du geste qui signifie à l'homme civilisé qu'il est un être dépravé. C'est la relation entre les hommes qui crée la nécessité du langage oral, mais c'est aussi cette même relation qui introduit la dissimulation et la fourberie dont la parole est le support essentiel. Alors que le silence, au contraire, est raillerie, équivoque et illusion ; équivoque qui comme le geste désigne l'apparence, l'empreinte ou encore l'absence. Vivre parmi les hommes signifie, pour Rousseau, se montrer, préférer l'apparence à l'être, oublier la nature de l'homme et sa bonté originelle. Tarzan c'est le rêve d'une humanité possible et impossible, l'idée que l'homme, tant qu'il n'a pas occulté son essence, pratique spontanément la justice alors que l'homme civilisé ne pense plus qu'à briller en société en s'enrichissant ou en acquérant la gloire (remarquons cependant que cette notion de justice, Tarzan ne l'applique qu'aux siens, jamais aux petits hommes noirs qui vivent dans le même milieu naturel, ce qui signe la véritable portée du message). Faut-il dire alors que celui qui ne parle pas se présente à nous comme plus vrai, plus authentique que celui qui manie un discours dans lequel la menace de duperie et de mystification est toujours présente ? Mais se refuser à la parole n'est-ce pas aussi refuser la relation à l'autre, le rejeter, dénier toute ouverture, récuser l'autre comme porteur d'un discours ? Privilégier la visibilité au détriment du discours c'est faire de l'autre un simple objet. Certes l'action parle aussi, mais elle ne s'adresse pas à nous, elle ne fait pas de nous la finalité du discours, elle ne nous permet pas de reconnaître l'autre qui, ainsi, demeure absent, tout entier rassemblé dans l'acte qui le situe dans le monde et nous en exclut.

---

1. *Greystoke : la légende de Tarzan, seigneur des singes*, (*Greystoke : The Legend of Tarzan, Lord of the Apes*), de Hugh Hudson (1983).

Tarzan est dit homme-singe, donc homme et singe à la fois, animal humanisé. Homme de l'espace et du milieu naturel, il ignore le temps. Il vit exclusivement dans le présent, il ne connaît ni passé ni futur. Sa gestuelle est stéréotypée comme celle des autres héros, mais avec des caractères propres : il se déplace dans les airs comme un singe, il court sur terre aussi vite qu'une antilope ou une panthère (qu'il peut rattraper à la course), il se déplace dans l'eau mieux qu'un crocodile, il est plus fort et plus courageux qu'un lion mais il n'a pas la méchanceté du tigre. Il est tout humain avec les singes (auxquels sont attribuées les qualités d'adresse, de virtuosité, d'agilité, d'individualité, d'intelligence) dont il recueille les qualités, et avec les éléphants (auxquels sont conférées les vertus de force, de sagesse, de placidité, de soumission, d'obéissance, de solidarité) qui le protègent et qui l'aident. Son geste est toujours souple et digne (on pourrait même le dire vertueux). Il ne tue pas par plaisir ou par l'effet d'une méchanceté qui lui est foncièrement étrangère, comme le font les petits hommes noirs, mais seulement lorsqu'il y est contraint pour défendre les siens. Conforme au modèle de l'homme naturel, il manifeste une réelle compassion pour ses amis, les animaux blessés, ce qui montre que, tout « sauvage » qu'il soit, il n'en possède pas moins ce fonds essentiel de toute humanité : la compassion. Mais il est sans pitié contre les hommes noirs qui vivent dans les profondeurs obscures de la forêt, symboles de méchanceté, de cupidité et de stupidité. Tarzan est, en ce sens, l'homme blanc, pur et immaculé, un être évangélique, un être de la bonne nature, sorte d'Adam avant le péché. Il est ce « simple en esprit », symbole d'une humanité en harmonie avec une nature édénique. Il annonce au monde le retour, dans le spectacle, de la nostalgie de l'innocence perdue.

Tarzan (les films) montrent, dans les premières séquences, l'espace vierge où vit Tarzan, univers harmonieux que l'homme civilisé n'a pas corrompu. Les premières séquences s'attardent sur l'innocence trompée par la malignité et l'avidité des hommes civilisés. Films sur la ruse et l'artifice qui usent de la parole comme d'un instrument perfide. À l'encontre de la duplicité de la parole, Tarzan présente la beauté du corps nu (sans apparat) et la virtuosité du geste. La gestuelle définit Tarzan comme empreinte de l'homme naturel, pur et dépourvu de toute malignité. Un grand nombre de ces films dits « d'action », en particulier ceux qui mettent en scène le super-héros, fonctionnent avec une extrême économie de la parole et commencent par une scène de violence qui sert, en quelque sorte, d'emblème au film (*Terminator*, *Batman*) ou, au contraire, par la description d'un monde de paix et d'harmonie avant l'intervention de l'homme civilisé (*Tarzan*), mais la même séquence peut ouvrir le film pour montrer la placidité du héros avant qu'il ne soit forcé d'engager le combat (*Rambo*). La rareté du verbal, la parcimonie dans la distribution de la parole tire l'analyse vers la gestuelle, de telle sorte que celle-ci occupe une place privilégiée. Présenter ces films comme appartenant à la catégorie des films d'action, c'est engager le spectateur à adopter un positionnement particulier face aux situations qu'il va rencontrer, c'est lui commander de renoncer à tout rapport intime avec le film, d'avoir à l'égard de la diégèse une relation de soumission et de dépendance. L'attaque brutale des premières séquences, parfois avant même le générique, vise à immerger immédiatement le spectateur dans l'univers du film, à ne lui laisser aucun temps de recul, aucune attente, aucun retard. Et donc, contrairement à l'image d'un monde ingénu et naïf offerte par *Tarzan*, *Terminator,* *Batman* ou *Spiderman* renvoient, au contraire, à l'idée d'un monde foncièrement mauvais, dépravé et corrompu. Notons cependant que le rapport à Tarzan n'est pas rompu pour autant : dans les uns comme dans les autres, c'est le geste qui compte, pas la parole, permettant ainsi au super-héros, par ce détour malicieux, de retrouver l'innocence du premier homme.

Rambo ou le corps comme événement

Événement du corps vrai ou avènement de l'empreinte du corps ? Le cinéma ne nous donne que l'empreinte du corps, jamais le corps vrai. Le corps est-il ce qui produit et se produit

Le corps de cinéma

ou ce qui advient ? L'avènement de l'empreinte du corps de Rambo est l'événement du film. L'empreinte du corps dépasse le corps, non seulement elle en signale l'absence mais elle en désigne l'impossibilité. Le corps doublement factice (empreinte et leurre) de Rambo est un corps façonné qui fonctionne comme une machine prête à répliquer à toute interlocution qui ne peut être perçue que comme hostile ou ennemie. Il n'est pas un corps apte à la jouissance et au plaisir, il est simplement un corps réactif pourvu d'une sensibilité de machine ou d'œil électronique. Le corps de Rambo rend visible toute la fatigue du monde, il dit que le monde est usé, vieux, ranci. La posture du corps, sa pesanteur, sa manière de se déplacer, la lourdeur et la lenteur de la parole, toute la gestuelle indique d'emblée que Rambo est le héros de l'amertume et du ressentiment. Ce qui ne transparaît pas à première vue tant il a le geste posé, sûr de lui, fruit de son expérience de soldat d'élite toujours au combat (même lorsque la guerre est terminée), de héros décoré donc identifié et désigné comme héros officiel. Il y a certes une contradiction entre le personnage en action, sûr de lui et déterminé, et sa mélancolie constante, sa rancœur, son animosité à l'encontre de tous ceux qu'il rencontre. Rambo ou l'apologie de l'homme devenu robot, corps robotisé, grâce au façonnage qu'il a subi durant sa formation militaire, mécanique dont le film va faire la preuve de l'efficacité. Simple mécanique, cette machine de mort qu'est le corps est le signe de l'inutilité de tout sentiment. L'empreinte mystificatrice du corps de Rambo fonctionne comme un leurre.

Homme de la modernité technologique, Rambo sait, comme Tarzan, parfaitement s'adapter au milieu naturel dans lequel il évolue, dans lequel il est amené à agir en dépit, ou en se servant, de la sauvagerie de son environnement. Le monde de Rambo est un univers instrumentalisé, tout élément, quelle qu'en soit la nature et l'origine est une arme potentielle, comme si le monde était constitué exclusivement de choses dont la finalité ne pouvait être que la mort donnée ou reçue. Monde funeste dont le devenir est soumis à une fatalité tragique. Dans un tel monde Rambo est le héros de l'ingéniosité, de la ruse, de la force, de l'intrépidité et de la témérité : il est l'homme des vertus du corps, il devient son corps. Jeté nu et sans armes dans la nature, il sait utiliser toutes les ressources que le milieu peut lui offrir pour en faire des armes terrifiantes. Comme Tarzan, il retrouve, dans ces circonstances, son instinct animal. Homme américain par excellence, il est supposé faire la démonstration que la possession des instruments de mort les plus acérés ne lui a pas fait perdre pour autant son instinct primitif, ne l'a pas rendu incapable de revivifier l'éminence première du corps. La façonnage du corps est conçu pour faire reculer toute pensée comme source d'obscurité et de confusion, comme si toute réflexion et tout sentiment faisaient obstacle au corps et à son langage premier et fondamental. Il est ainsi censé exposer les vertus primordiales des pionniers, les valeurs essentielles des conquérants de territoires. Métaphore de tout Américain qui, pour fonder la nation américaine a dû, selon la légende devenue mythe, défricher le territoire à mains nues et en éliminer les premiers habitants qui prétendaient s'opposer à cette présence. Homme blanc sûr de son bon droit et prêt à s'imposer par la force. Possession du territoire et possession des armes, c'est-à-dire possession de son corps comme arme pour le rendre apte à conquérir le pays puis à le conserver, vont de pair, signant ainsi la forme de l'homme américain supposé contraint de ne confier son destin qu'à lui-même à l'exclusion de tout autre. Il s'inscrit dans la solitude enfiévrée et tragique de l'homme américain, contraint de porter constamment ses armes, donc de porter armure afin d'être toujours prêt à combattre contre tous. Singulière pensée : tout autre est ennemi, adversaire, concurrent hostile pour celui qui entend se faire toute sa place, fût-ce par la violence des armes, au détriment de ce qui s'y oppose. L'empreinte du corps de Rambo est supposé être ce corps des origines qui peut redevenir animal comme les animaux. Il sait se cacher, se camoufler, se rendre invisible en se fondant dans le milieu, prêt à surgir lorsque ses ennemis ne l'attendent pas, la nature est, pour lui comme pour Tarzan, sa demeure, son milieu de vie. Il redevient ainsi le corps fondamental, celui des rites anciens ou primitifs. Magie du corps abandonné à ces forces qui le dépassent et qui le conduisent dans ce monde particulier où n'entrent que les héros.

Le corps de cinéma

L'empreinte du corps du super-héros de cinéma propose l'image d'un corps qui n'est ni apollinien, ni dionysiaque mais christique, sacrificiel. Non seulement il répand la mort autour de lui mais il porte sur son corps les stigmates de son épreuve. Le sang dont Rambo est couvert, les cicatrices anciennes et les plaies vives qui le marquent sont censés être les signes visibles du sacrifice accompli au nom de l'humanité. Le héros ne doit pas seulement imiter le héros, en assumer le rôle, en former l'image et la rendre visible, il doit l'incarner, tracer dans sa chair les signes de ce qu'il est ou, en tout cas, en figurer l'empreinte. Et si Terminator n'a pas de chair, il n'en exhibe pas moins l'intérieur de son corps mécanique et électronique pour attester de l'ampleur du sacrifice dans l'inhumanité de son autodestruction..

Rambo se présente comme corps porteur d'une réalité plus profonde et plus essentielle que celle de ses ennemis qui ne sont que des hommes ordinaires qu'il dénonce ainsi comme chair corrompue destinée au sacrifice. Les sacrifier c'est rendre gloire à Dieu, c'est sacraliser l'homme américain en tant que sacrificateur. Il possède, lui, ce qu'ils n'ont pas : la force d'âme, le caractère de celui qui ne renonce jamais quelles que soient les difficultés et les embûches. La gestuelle, la force physique, la musculature ne sont que les adjuvants certes nécessaires mais secondaires de ce qui est en jeu ici : convaincre le spectateur que la dilacération du corps du héros n'est rien d'autre que l'image de la déréliction du monde (d'où la nostalgie de Rambo lorsqu'il raconte comment on a abandonné à l'ennemi ses camarades de combat). Le geste de déchirer, d'ouvrir, de fracasser les corps est un geste d'épandage du sang du sacrifice sur le sol afin de le purifier ; dissémination et déploiement des corps fragmentés apparaissent ainsi comme une réappropriation de la terre par le seul homme pur : le héros (américain). Le geste de Rambo est ainsi à la fois sacralisé et sacramentel, tout ce sang n'est répandu que comme acte de purification : le sang purifie le sol sur lequel il est répandu, son odeur est agréable aux dieux, celui qui accomplit le sacrifice est à son tour sacralisé voire sanctifié. Héros christique il ne peut pas simplement imiter son modèle, il doit revivre dans son corps, dans sa chair, les mêmes souffrances [1] et les montrer, les exhiber en gros plan sur l'écran pour l'édification du spectateur.

Il n'est pas sans signification que Batman soit sans arme, Rambo pourvu de tout un arsenal, Robocop assisté d'un appareillage électronique complexe et que Terminator soit un corps robotisé. Outre le sens éthique qui y est inscrit, ce fait d'avoir une arme ou de ne pas en posséder définit par là même une distance ou une proximité, induit une relation déterminée entre les corps. L'arme crée l'écart avec l'autre ; afficher son arme c'est tenir un langage, c'est non seulement dire à l'autre qu'il est autre, c'est figurer, en outre, la solitude tragique de l'homme qui détient cette arme. Être armé c'est se désigner soi-même comme chair faible et vulnérable, corps fini et mortel.

Or, malgré sa présence outrancière sur l'écran, le corps est absent. Subsiste seulement une empreinte, une enveloppe vide, une apparence, un fantôme de corps, un corps fantasmé. Le corps sensible est, lui, totalement évacué du discours qui nous est donné à entendre. Rambo ne jouit pas du monde, il l'utilise comme ustensile et comme arme ; il le combat. Le laconisme, la mutité de Rambo sont, comme le refus de la jouissance, une négation du monde. Accepter le monde, en jouir, c'est le nommer, le parler, lui donner une identité, se l'approprier, en faire sa demeure, partager le monde avec l'autre. Toutes choses que Rambo récuse.

La codification des gestes

Il y a donc au cinéma comme dans d'autres arts (la peinture, la sculpture, la danse, le théâtre) une codification des gestes. Codification qui est, elle aussi – comme le signe dans la langue –, à la fois nécessaire et arbitraire. Elle est arbitraire au sens où, au cinéma, elle est déterminée librement par la mise en scène. Elle est nécessaire parce que forcément liée à un code représentatif des attitudes et des sentiments que chacun peut

---

1. Cf. Georges Didi-Huberman, *L'image ouverte*, p. 97 sq.

percevoir comme représentants symboliques de ceux de la vie quotidienne, mais elle conserve ses spécificités en fonction de la culture particulière à chaque société. Le geste de la pudeur, dans sa représentation cinématographique, n'est pas le même dans les films japonais et dans les films américains, le regard droit dans les yeux est un signe de franchise et de loyauté pour les sociétés occidentales, mais signe d'arrogance et d'impudeur dans certaines sociétés asiatiques. Ainsi, le spectacle de mime ne peut être compris que dans une société et une culture déterminées. « Ce qui caractérise le geste, dit Giorgio Agamben, c'est qu'il n'est plus question en lui ni de produire ni d'agir, mais d'assumer et de supporter. Autrement dit, le geste ouvre la sphère de l'*èthos* comme sphère la plus propre de l'homme [1]. »

La peinture classique a eu affaire à ce genre de problème : comment représenter à la fois des idées, des sentiments par la seule représentation des mimiques ou des gestes ? La légende ou le titre permettait au spectateur de suppléer au caractère énigmatique de l'action représentée et d'éliminer d'un seul coup toutes les autres interprétations possibles. Si *Le verrou* de Fragonard se passe aisément de plus amples précisions pour rendre le sens du tableau, il n'en est pas de même pour d'autres dont le sens reste indéterminé tant que la légende n'est pas venue lever l'ambiguïté. La difficulté est plus grande encore lorsqu'il s'est agi de figurer par le dessin et la couleur non plus seulement des actions ou des sentiments humains mais le sacré, le divin, voire l'exaltation religieuse.

Bien qu'il offre plus de souplesse du fait qu'il dispose non d'une seule image mais d'une succession d'images et qu'il puisse, en outre, utiliser la parole, le film n'échappe pas à ces impératifs de codification des gestes. Il va de soi que, pour être compris du spectateur, le film doit utiliser un système de signes, compréhensibles immédiatement par celui auquel il s'adresse, lisibles sans ambiguïté, mais il devra, en même temps, renvoyer à des traces anciennes et oubliées. Plus que des grandes figures mythiques représentées par la peinture classique, nous sommes

---

1. Giorgio Agamben, « Notes sur le geste », *Trafic* n° 1, 1991, p. 35.

ici, condition de l'efficacité du discours, plus proches de la gestuelle du catcheur. « Il y a certainement chez les amateurs de catch, dit Roland Barthes, une sorte de plaisir intellectuel à *voir* fonctionner parfaitement la mécanique morale : certains catcheurs, grands comédiens, divertissent à l'égal d'un personnage de Molière, parce qu'ils réussissent à imposer une lecture immédiate de leur intériorité : un catcheur au caractère arrogant et ridicule [...] met toujours la salle en joie par la rigueur mathématique de ses transcriptions, poussant le dessin de ses gestes jusqu'à l'extrême pointe de leur signification, et donnant à son combat l'espèce d'emportement et de précision d'une grande dispute scolastique, dont l'enjeu est à la fois le triomphe de l'orgueil et le souci formel de la vérité [1]. » Le film nous donne à voir une autre mise en scène du geste du héros qui ne doit pas seulement nous offrir le spectacle d'un combat à l'issue certaine, mais aussi nous raconter une histoire dont le corps du héros est à la fois le symbole et l'empreinte.

Dans les films qui nous intéressent ici, la gestuelle blasonne le personnage, elle l'emblématise, elle le fige d'une certaine façon dans une typologie fantastique des personnages possibles ou imaginables. Certes, le cinéma ne se réduit pas à une gestuelle qui serait alors une simple gesticulation dépourvue de sens. La gestuelle propre au cinéma n'est pas celle du théâtre. L'art cinématographique dépasse la gestuelle dans le dessein de fonder un langage dans lequel le geste a sa place, traçant ainsi, de manière unique, sa propre évidence. Si le western fonde lui aussi ses stéréotypes, cela ne signifie pas que l'on puisse ramener James Stewart à Oliver Stallone ou à Arnold Schwarzenegger. Entre Anthony Mann et Joel Schumacher, entre *Winchester 73* et *Batman Forever* l'écart est considérable en cela que l'un engendre une œuvre et l'autre un produit de consommation. Il ne s'agit assurément pas de considérer, comme l'ont fait les macmahoniens [2], le geste comme le tout du cinéma et que « la mise en place des acteurs et des objets, leurs

---

1. Roland Barthes, *Mythologies*, p. 17.
2. Critiques (Pierre Rissient, Michel Mourlet) qui se réunissaient au cinéma Le Mac-Mahon à Paris et qui défendaient avec véhémence le cinéma représenté par Losey, Lang, Preminger et Walsh.

déplacements à l'intérieur du cadre doivent tout exprimer [1] ». Et même si *Rambo* ou *Terminator* répondent à ce que défendait Michel Mourlet, pour qui le cinéma n'était conforme à son essence qu'à la condition d'exercer une fascination sur le spectateur, d'engendrer, par le moyen de la mise en scène une absorption de la conscience par le spectacle, cependant, la réduction du cinéma aux acteurs, aux objets et à leurs déplacements dans le cadre, ne suffit pas à comprendre ce qui se passe réellement dans le genre cinématographique qui nous intéresse. Si seul le corps y est support de langage ce n'est pas par souci de l'art mais pour répondre à l'impérieuse nécessité d'adopter la forme de langage la plus simple et la plus directement accessible à tous. Ni *Rambo*, ni *Terminator* ne sont des œuvres d'art, même s'ils répondent à la lettre aux préceptes macmahoniens. En effet, le geste n'a pas, pour Mourlet, de fonction éthique – il récuse même cette prétention de certains cinéastes –, ou plutôt s'il a une fonction éthique ce n'est qu'une éthique interne au spectacle cinématographique, exclusivement liée aux impératifs qu'ils donnent au film d'être l'organisateur des apparences. Il n'en a pas plus dans *Terminator*, où une telle indifférence à l'éthique du geste n'a pas pour fonction de laisser se créer « un monde conforme à nos désirs » mais, au contraire, de défaire le monde et de ne laisser subsister que sa virtualité sur l'écran. Rancière reprochera à la gestuelle macmahonienne de refermer le film sur une symbolique, alors que, pour lui, le geste n'a de sens que dans la mesure où il n'est pas un élément de l'organisation des apparences mais, au contraire, rupture de cette organisation. Admettons que nos films ne répondent pas non plus à cette manière savante d'organiser l'espace de l'écran ; ils n'appartiennent pas au même cycle de la représentation, ils seraient quelque chose comme un autre cinéma. Ils ne se présentent pas eux-mêmes comme des œuvres cinématographiques mais comme des produits de consommation destinés à un public vaste comme l'univers,

---

1. Michel Mourlet, « Sur un art ignoré », *Cahiers du cinéma*, n° 98, 1959, p. 27.

public qui, dit-on, n'aspire à les fréquenter que pour se distraire un moment et oublier les difficultés de l'existence...

Et, donc, comme au Guignol, ces films recourent à une gestuelle forcément sommaire, forcément stéréotypée parce qu'ils doivent impérativement être compris immédiatement et sans ambiguïté. Le héros est spontanément identifiable : il a un corps musclé, harmonieux, souple alors que son adversaire a une physionomie singularisée à gros traits : il a trop ou pas assez de muscles (l'excès est ici un trait signifiant intéressant), disharmonieux (trop grand ou trop petit, infirme et dissymétrique), raide. Le geste du personnage qui personnifie le bien et la justice est ample, franc, direct, sans faiblesse mais toujours retenu par la générosité ; celui de son adversaire court, fermé, dissimulé, révélant à la fois son inhumanité, sa cruauté, sa félonie. Ce qui est remarquable c'est que tous ces traits peuvent s'inverser lorsque le but du film est de montrer que le mal peut exercer le pire des envoûtements, séduire en se parant de tous les attributs du héros ou en offrant à chacun les moyens de satisfaire ses désirs les plus extravagants. On peut le voir dans *Spiderman 3* où le héros, en se transformant en son inverse, révèle la face obscure ou cachée du personnage en adoptant la gestuelle, le vocabulaire et les expressions du visage de ceux qu'il est censé combattre et dans *Batman et Robin* (*Batman and Robin*, Joel Schumacher, 1997) où la belle Pamela Isley transformée en diabolique Poison Ivy en conservant son charme et son pouvoir de séduction.

Batman, oiseau nocturne, ne sourit jamais et rit moins encore. L'univers de Batman est un univers tragique, d'une infinie tristesse. La gestuelle du héros comme celle de son mentor, Alfred le majordome, est d'une grande économie. Lorsqu'il n'est pas en train de lutter contre ses adversaires, le héros est d'une extrême discrétion, à l'inverse des scènes de combat où il effectue les acrobaties propres au personnage. Signe de la maîtrise de soi, Batman ne tue jamais. Ses adversaires ne meurent pas, soit ils disparaissent de l'écran, soit ils tombent dans le néant (dans *Batman Forever*, Double Face tombe dans le vide et Edward Nygma, devenu fou, est enfermé dans une cellule psychiatrique, rappelant au passage la cellule où est enfermé Knock, le comparse de Nosferatu dans le film de Murnau). Ils ne sont victimes que d'eux-mêmes, parce que leur gestuelle les projette hors d'eux-mêmes, parce qu'ils sont dans un état permanent d'agitation, de fébrilité, d'impatience, signifiant par là une soif de pouvoir et un appétit de domination dangereux pour l'humanité. Double Face périt du fait de sa propre violence qui le fait se précipiter dans la mort et Nygma est victime de son invention maléfique laquelle devait décerveler l'humanité et qui, à ce moment, se détournant de son but, vient détruire l'esprit de son inventeur.

On peut saisir cette opposition dans *Batman Forever* où la manière de se déplacer de Batman contredit celles de Double Face et de Nygma. Autant la première est glissée, furtive, légère, aérienne, autant les deux autres sont pesantes, appuyées, terriennes. Autant le premier ne s'accroche aux choses terrestres que forcé par les événements, autant les deux autres montrent, par leur enracinement au sol, leur avidité, leur soif de pouvoir, leur désir de possession. On peut noter la même opposition dans les entrées de champ. Batman n'ouvre jamais une porte, il se glisse dans le champ, Double Face et Nygma y font toujours irruption avec fracas.

Il est bien évident que, dans tout film, chaque personnage se définit en fonction de son opposé dans le récit et dans la gestuelle, le vocabulaire utilisé, la forme du corps, la manière de se déplacer. Le cinéma use depuis toujours de ces formes de langage, de ces oppositions qui sont au cœur même de tout récit cinématographique. Ce qui est spécifique ici, c'est la grossièreté du procédé qui fait en sorte que la signification, l'évidence du sens saute aux yeux du spectateur sans qu'il soit nécessaire, pour lui, de faire un savant décryptage de ce qu'il voit. Sous le prétexte du divertissement le film l'engage à faire l'économie de toute réflexion, de toute distance avec le récit. Le sens passera donc par le regard non par l'ouïe ; seul le visible peut, ici, avoir du sens, le verbal du film fonctionne comme la légende de la photographie, simple confirmation de qu'avait déjà saisi le regard.

Le cadre général reste celui d'une énonciation dont le cinéma fait, depuis son origine, une part essentielle de son discours, mais s'il s'agit bien, ici, de l'opposition du bien et du mal dans leur représentation la plus naïve, la plus directe, la plus évidente, voire la plus brutale, c'est qu'il appartient au film d'emporter la conviction du spectateur dans l'idée que l'homme est un être faible et désarmé qui demande à être protégé et guidé. Ce que seul peut faire le héros américain.

Légendaire de l'absence

L'absence de la parole dans les premiers âges du cinéma a conduit à construire et à figurer sur l'écran une gestuelle qui relevait plus de la mimétique que de l'expression au sens théâtral. La codification des gestes avait pour but de faire voir une parole absente et de mettre en scène l'expression des sentiments et des émotions. Le défaut de parole du cinéma primitif contraignait l'expression à n'être qu'une série de gestes symboliques aussi significatifs que possible pour éviter la multiplication des « cartons » de dialogues, lesquels fonctionnaient alors davantage comme des légendes que comme des échanges de paroles. La codification des gestes destinés à exprimer les sentiments ou les pensées des personnages revêtait de ce fait une importance capitale pour la bonne compréhension du récit cinématographique [1]. À cet effet, le cinéma reprend l'iconographie de la gestuelle à l'œuvre dans l'imagerie populaire ou dans la peinture classique, essentiellement d'ailleurs celle des XVIIIe et XIXe siècles. On peut établir un parallèle parfait entre certains tableaux de Fragonard, de Boucher, de Bouguereau ou de Greuze et les gestes repris par le cinéma « muet » pour exprimer, l'effroi, la crainte, la peur, l'affection, la séduction, la passion, la folie. La position des mains, le jeu des regards, la forme de la bouche, l'ondulation

---

1. Que l'on retrouve, selon André Bazin, dans *Europe 51* de Rossellini : « Dans une telle mise en scène, la place respective des personnages, leur façon de marcher, leurs déplacements dans le décor, leurs gestes ont beaucoup plus d'importance que les sentiments qui se peignent sur leur visage, voire que ce qu'ils disent. » (« Europe 51 », in *Qu'est-ce que le cinéma ?*)

Le corps de cinéma

des corps se retrouvent identiquement figurés dans les uns comme dans les autres. Ainsi l'éducation visuelle du public populaire du premier cinéma s'appuie fortement sur l'acquis apporté par une imagerie qui reprenait, dans les « chromos », la forme de cette représentation.

La gestuelle ne peut que se voir, elle ne peut pas se dire, elle appartient exclusivement au visible, elle constitue une forme particulière du langage. Elle peut certes se décrire, plus ou moins longuement, plus ou moins précisément, mais elle n'acquiert son sens expressif que dans son caractère visuel. Le Groupe µ exprime parfaitement le caractère général de ce principe : « D'ailleurs la verbalisation ne va pas toujours de soi puisque, d'une part, des informations spatiales doivent recevoir un ordre linéaire pour être verbalisées et que, d'autre part, des percepts banals et vite acquis par l'enfant – comme la *sphéricité* – ne sont jamais dénommés que dans des métalangages bien élaborés. [...] Imagine-t-on un traité de zoologie sans dessins ? On peut même douter qu'il soit possible de faire comprendre par le discours exclusivement, disons la structure chimique du DDT ou la double hélice de l'ADN. En fait, la notion d'hélice ne peut guère être communiquée que par un dessin ou par un geste, et le mot hélice sert simplement à déclencher la représentation mentale de cette configuration [1]. » Ainsi, le visuel parle autrement mais exprime, d'une manière différente que ne pourraient le faire les mots, ce qu'il s'agit de « faire comprendre » et que la parole ne saurait représenter.

Le cinéma des premiers âges est, en ce sens, dans la même situation, il ne dispose pas de la parole mais il peut construire un récit en images en utilisant le code visuel en usage dans la représentation populaire des grands récits mythiques. La religion chrétienne a abondamment contribué à cette éducation au récit en images en diffusant massivement des représentations imagées de l'histoire du christianisme : enfance du Christ, Passion, vie des saints. Selon la définition de la rhétorique classique, l'hypotypose use de mots qui, constituant une

---

1. Groupe µ, *Traité du signe visuel*, p. 52,

description vive, animée, parviennent à produire chez l'auditeur une représentation de la scène décrite.

Il se pourrait que l'on ait là une forme que le cinéma s'est empressé de reprendre. On en trouve un exemple tout à fait conforme à la tradition la plus orthodoxe dans *Rambo* lorsque John décrit la mort au combat de ses camarades. Dans le cinéma des origines ce sont les gestes, les mimiques, les postures, la distance entre les personnages qui ont pour fin de produire chez le spectateur la vision des sentiments ou des émotions figurés sur l'écran. L'hypotypose faisant imaginer ce qu'on ne voit pas, il s'agit alors, en faisant voir une scène, de faire voir autre chose (l'absence), ce que cette scène ne peut faire voir. Architecture complexe puisqu'il s'agit de faire voir ce qu'on ne montre pas tout en faisant voir autre chose que ce que l'on désire faire voir. Si elle est figure par excellence de la poétique, n'est-elle pas alors, également, la figure par excellence des arts de la représentation dans la mesure où ceux-ci ne font rien d'autre que faire voir ce qui n'est pas visible, y compris, pour le cinéma et la photo, lorsque, précisément, quelque chose est montré. L'image joue alors sur la présence-absence, la figuration de ce qui est absent, ce que Walter Benjamin appelait l'*aura*. Le cinéma, de même, rend présente l'absence par le moyen du hors-champ.

Le sens se constitue à partir de cet au-delà de ce « double faire voir », mais il s'articule originairement sur ce qu'il est convenu d'appeler un code des gestes, de telle sorte que, pour ces films en tout cas, tout public, aussi fruste soit-il, aussi peu éduqué soit-il dans le langage visuel, puisse saisir immédiatement, sans traduction, la signification de ce qui lui est montré. Or, si le cinéma invente un code gestuel nouveau, il ne s'en appuie pas moins, pour l'essentiel, sur un code ancien et bien établi. Dès le Moyen Âge, l'image décrit à la fois les attitudes, les postures, les relations présentes en particulier dans l'iconographie populaire de telle sorte qu'elles soient lisibles sans hésitation par une population qui, illettrée, n'avait pas accès au texte écrit. L'image muette peut ainsi signifier une large gamme d'idées, de sentiments ou de rapports sociaux : la soumission, l'obéissance, l'humilité, la pudeur, la colère, l'amitié ou l'inimitié, etc. Si l'on reprend quelques-unes des significations qui y sont représentées : abandon, bienveillance, colère, défi, détresse, fermeté, humilité, impuissance, méfiance, orgueil, recueillement, trahison, vice, on voit que la liste est incomplète concernant le cinéma du « super-héros américain ». Il faut y ajouter quelques significations majeures : force, violence, brutalité, haine, perversion, intolérance... L'image du monde telle qu'elle résulte de l'iconographie du Moyen Âge est celle d'un univers commandé par le Dieu des chrétiens, lesquels ne peuvent concevoir d'autre attitude digne de l'homme que celle de l'obéissance et de l'humilité devant la puissance divine. Le monde dessiné par *Rambo* ou *Terminator* est, au contraire, caractérisé par la désobéissance et l'orgueil des hommes (péchés majeurs dans la tradition chrétienne) qui ont oublié Dieu. C'est cet oubli de Dieu, ce retour de l'Antéchrist, qui fonde le partage entre le bien et le mal auquel le héros doit porter remède en présentant la nation américaine comme la nation élue par Dieu pour éclairer l'humanité, développant ainsi l'idée d'une séparation radicale entre un peuple ignorant, puéril et pusillanime, et un guide possédant la vérité, la lumière et la puissance.

Or le geste n'a aucune existence, c'est son absence (sa fiction) qui fait sens ; seule existe la mise en scène de son empreinte, c'est-à-dire son déploiement dans un espace défini, le temps de son accomplissement et la durée de son action. Le geste n'a de sens que dans son rapport à cet espace et à ce temps, mais aussi grâce à son rapport aux autres gestes possibles que le personnage aurait pu accomplir et aux gestes des autres personnages dans le même espace et le même temps. Le geste est donc, en soi, dépourvu de signification : c'est son empreinte qui porte la signification et son absence qui sidère le spectateur. Le geste de la menace d'un homme qui parle tout seul dans la rue n'a pas le sens de « menace », il renvoie à la signification du problème psychique que semble vivre ce personnage insolite. Alors que le geste de menace de Double Face dans *Batman Forever* non seulement n'a de sens que par son absence (le spectateur n'a qu'une peur fictionnelle) mais il a, dans l'articulation du récit, une signification par son rapport à celui auquel s'adresse cette injonction, mais aussi aux autres gestes possibles : apaisement, conciliation, soumission et aux gestes accomplis par Batman : tranquillité, sérénité, maîtrise de soi. L'inscription du geste dans l'espace de l'écran dessine donc une absence, un univers partiel, temporaire, valide seulement pour le temps de la projection et dans l'espace de la salle. Mais, comme tout discours, il prend effet en tant que tel, il crée dans le monde cet espace vide, ce trou dans lequel plus rien n'existe que la fiction du récit. Effacement et disparition du réel qui signifient aussi bien effacement et disparition de la fiction du film en tant que telle puisque celle-ci prend effet de réel pendant la durée de sa projection pour le spectateur captif et sidéré.

Moi et l'autre

Au-delà du geste, le héros a-t-il un ego ? La question paraît, à première vue, superflue : qui, plus que le héros, représentant éminent d'une humanité supérieure, idéal de l'homme parfait, peut-il prétendre avoir un ego ? Mais le héros est-il seulement un homme ? N'est-il pas aussi, d'une manière certaine, autre qu'un homme, une essence sans existence ? La question peut trouver un sens si l'on examine les contradictions dans lesquelles son personnage se trouve impliqué : le héros semble avoir un surmoi dominant et dominateur et, en même temps, en être totalement dépourvu. Il tient un discours dont il n'est pas l'auteur, écho d'une autre parole dont il n'est que le porteur : il n'est pas sujet de lui-même. D'une certaine façon, le héros ne peut donc pas dire « je ». La question est fondatrice du statut du héros en tant que médiateur ou substitut, en tant qu'il est celui qui vient « à la place de ». Il est l'incarnation d'un autre, il fait exister, ici et maintenant, une absence, un ailleurs dont il détient seul la puissance et la connaissance, et un temps suspendu, réduit pour toujours à ce moment du film. On peut noter au passage que ce statut est aussi attribué à tous ceux qui « annoncent la bonne nouvelle », qu'ils soient mages, devins ou prophètes, lorsqu'ils viennent parler aux hommes « au nom de » quelque puissance supérieure, divine ou magique, absente forcément. En ce sens, et en dépit de son apparence, notre héros cinématographique, à l'image du Christ dont il est un avatar, est un non-homme dans la mesure où, précisément, il n'a pas d'ego, il n'a d'autre ego que celui dont il est le substitut. Cette position du héros, le fait d'être envoyé, mandaté ou missionné par un être transcendant, fait de lui un être d'exception, une sorte de dieu terrestre qui peut se présenter aux autres hommes comme celui qui est, dans sa transcendance, au-delà de l'humain donc absent de l'humanité. Il ne parle pas en son nom propre, il ne prononce rien qui lui soit personnel, singulier, particulier, son discours décline une parole autre, différente mais toujours supérieure. Quelle que soit la nature de celui (ou d'une idée, voire d'un idéal) qui le fait être ce qu'il est, le fait d'être seulement le point de passage de cette parole autre exclut le héros de l'univers des hommes, il n'est pas de ce monde ou, s'il y est, c'est à titre temporaire et transitoire, il est seulement de passage parmi les hommes, simple empreinte. En conséquence, les autres, les pauvres autres, peuple de Dieu, en rébellion contre la parole divine, n'existent pas, n'ont pas d'identité parce qu'ils n'ont aucun droit à l'existence tant qu'ils ne se soumettent pas au discours dont le héros est le héraut.

Terminator est l'exemple parfait de ce type de héros. Lui avoir donné un corps robotisé est la manière la plus directe de signifier que le héros ne pense pas par lui-même, il ne parle et n'agit que conformément au « programme » qui constitue son essence et signifie son absence. Qu'il soit robot d'apparence mécanique ou qu'il soit d'aspect humain, ne change rien au statut qui est le sien, il ne peut pas être ce qu'il paraît être, il ne peut être que cet autre dont il est le représentant. Le héros, cet homme qui assume dans son corps toute la souffrance de l'humanité, s'efface, disparaît parce que la machine ne souffre pas : les blessures du Terminator ne sont pas des blessures, elles ne saignent pas, elles ne laissent apparaître aucune chair meurtrie en dépit de la forme humaine qui lui est donnée. Leurre, artifice, l'apparence humaine du Terminator n'aboutit qu'à la négation de tout avenir pour l'homme, à l'annonce de sa disparition imminente. Terminator vient du futur, d'un futur d'où l'homme a disparu, où toute humanité s'est dissoute. Alors, de quoi est-il l'« incarnation » ? De rien, du vide, de l'absence et de la négation. Figure du ressentiment, de celui qui dit non, il est comme le nihiliste vilipendé par Nietzsche. On aura noté, en outre, que le prétendu héros de *Terminator*, simple machine, est un héros de seule apparence, on peut lui substituer n'importe quelle autre machine identique, laquelle se comportera exactement de la même manière. La fugacité de ce type de héros et son caractère évanescent ôtent au personnage toute possibilité de devenir une personne et donc d'avoir un ego. Si *Terminator* est un film sur la fuite, s'il se termine par la figuration de la « mort » du héros robot et par l'enfermement du faux héros (John) et de sa compagne, c'est bien en raison de ce vide, de l'absence de tout sujet, de la disparition de toute conscience. Il s'agit en effet, non de vaincre le mal, mais d'échapper au mal, aux machines exterminatrices de l'humanité, ce que ne parvient à faire aucun des deux héros (Terminator et John). *Terminator* est un film sans espoir, film dans lequel l'humanité n'est qu'une virtualité éphémère, le mal est déjà victorieux. On peut comprendre sous cette idée que ce film nous donne à voir l'extraordinaire profusion de destructions dont l'exemple le plus ostentatoire se trouve dans l'épisode du camion-grue, conduit par la femme robot, qui rase toutes les constructions rencontrées sur son passage, anticipant ainsi la destruction totale du monde annoncée à la fin du film. Il faut bien alors considérer que nous avons affaire, là comme dans d'autres films, à ce que les anthropologues appellent une hécatombe, énorme destruction de biens de toutes sortes destinée à humilier ceux à qui ce type de discours est adressé : les spectateurs du film au-delà de leur jubilation devant le spectacle. Il n'y a plus de Dieu pour dire le bien et le mal, seul compte le temps, le retour du temps, le retour depuis un temps d'apocalypse. En d'autres termes, il n'y a plus de futur puisqu'il n'y a pas de présent, il n'y a plus d'espérance, ni dans ce monde ni dans l'autre. Amertume et ressentiment des hommes abandonnés par Dieu. Film sur l'absence et sur la perte ;

téléologie effroyable : le monde et les hommes courent inexorablement vers la destruction et la disparition.

Mais peut-on dire de Rambo qu'il est, lui aussi, conforme à ce modèle ? Rambo est, à certains égards, un anti-héros, un homme, rien qu'un homme, un homme bassement humain, avec sa vie antérieure, ses souvenirs, ses désirs et ses colères. Qu'est-ce qui fait que Rambo s'élève au rang de héros ? Son nihilisme, sa négativité font de lui le dernier homme. Rambo est autre, il n'est jamais ce qu'il est, ce que le film montre par la transformation de son apparence, il se défait, de manière ostensible, de son aspect antérieur ; dépouillé de ses vêtements il couvre son corps d'un maquillage et, de simple ex-militaire qu'il était, se transforme en un être purement animal, une sorte de Tarzan pourvu cependant de toute la technologie sophistiquée des militaires américains au Vietnam. De quoi, alors, est-il le porte-parole ? De cet autre homme, de cet homme autre, plus proche de son origine, plus fondamental, plus fondateur d'une prétendue véritable humanité, c'est-à-dire d'une absence. Déni, effacement et disparition de toute culture autre que le culte de la violence brute, autre que l'apologue du corps métamorphosé en arme de combat. Discours porté aussi bien par Rambo que par ses adversaires. La gestuelle du bien et la gestuelle du mal sont équivalentes, et équivalentes au point qu'elles pourraient fort bien se substituer l'une à l'autre. Rambo et ses adversaires utilisent les mêmes armes, les mêmes techniques de combat, la différence résidant uniquement dans la capacité du héros à redevenir un homme de la nature, utilisant toutes les possibilités que la nature lui offre, alors que les hommes du shérif ne savent pas agir contre lui autrement qu'ils ne font devant un délinquant ordinaire, un délinquant qui leur ressemble, sans jamais accepter la différence de Rambo (c'est la très fruste forme éthique du film) ; de même que celui-ci n'accepte pas la différence des citoyens d'une ville qui se refuse à lui, séparation visant à faire voir l'être autre de Rambo mais qui ne nous donne que son empreinte, son absence. Rambo et les autres ? Mais Rambo n'a pas d'autre, il n'a que des mêmes : le film ne décrit qu'une seule forme d'humanité, aucune autre n'existe.

Que nous dit alors *Rambo*, le film ? Il nous parle certes, en apparence, de la violence, signifiant par le bruit fracassant des explosions et le crépitement continu des armes de toutes sortes, que la guerre par elle-même et les moyens utilisés pour l'exercer, n'ont pas de valeur en soi, ils ne sont que le signe par lequel le monde est montré en déshérence. Seconde leçon, conséquence de la précédente : il n'y a plus ni bien ni mal, Rambo par la force la plus brutale, la plus irréfléchie, la plus dépourvue de rationalité ne cherche pas à faire triompher le bien, il se débat tragiquement dans un monde en perdition, dans un monde sans autre.

La gestuelle de Rambo est une gestuelle discrète, finie, alors que celle de Terminator est ouverte, infinie mais ni l'une ni l'autre ne sont des gestuelles de l'hospitalité, reconnaissant l'autre comme autre et comme même. *Rambo* clôture, ferme et met un terme à une période révolue : le temps des héros est derrière nous. Fermons les yeux le monde n'existe plus, il n'y a plus d'autre. Alors que *Terminator* anticipe la réalité qui devrait être la nôtre désormais, Rambo met le feu à la ville qui n'a pas voulu de lui et se laisse emmener par la police après avoir rendu ses armes (et son âme ?), comme si le monde des hommes avait définitivement renoncé à tout idéal héroïque, signifiant ainsi l'impossibilité de la fiction. Terminator sait par avance ce qui va advenir de l'humanité, il connaît le futur du monde et des hommes parce que tout est écrit et décidé au-delà de la volonté des hommes, donc, comme l'espace, le temps lui-même est absent. Si l'autre est un visage, comment s'adresser à Terminator, personnage sans visage ? Pas plus que Rambo, Terminator n'est un autre. Comment faire exister la parole avec celui dont le visage est un masque, dont le masque est l'abstraction ou la disparition du visage et du regard de l'autre. Remarque qui vaut également pour Batman, Superman ou Spiderman. Rien ne nous est donné par ces masques, nous ne voyons rien sinon un leurre, un simulacre, un artifice ou une absence. Si le visage est l'épiphanie de l'autre, quel sens donner à cet autre masqué ou défiguré, dont le visage m'est interdit ?

Sainte Face et effacement du sens

Il ne peut y avoir de regard échangé avec celui qui en interdit l'exposition, qui le masque ou qui le détourne. Détourner le regard c'est s'abstenir, être absent, être ou se vouloir ailleurs, faire comme si..., regarder de l'autre côté, annuler la réalité du monde pour se réfugier dans le solipsisme. Si le regard confère la vie au visage, il concède aussi au visage sa fragilité et sa vulnérabilité. Faire face c'est se découvrir, accepter le face à face, c'est aussi regarder l'autre de près, comme en gros plan. Être en gros plan pour l'autre, comme la Sainte Face, c'est être une image, c'est-à-dire un substitut pour ce qui est absent, une empreinte ; l'image signifie l'absence du visage et donc annule ma relation vivante à l'autre. La Sainte Face est un gros plan, substitut de l'autre face, celle qui, absente, échappe à notre regard ; elle est aussi le modèle canonique de toute figuration du visage souffrant. Non pas vociférant, non pas grimaçant, non pas hurlant de douleur, mais souffrant du poids du monde, appelant la commisération et la compassion. On le retrouve sous les différentes figures expressives qui seront reprises par le gros plan de cinéma dont les plus significatifs sont les gros plans du visage de Falconetti dans *Jeanne d'Arc* de Dreyer. Si la Sainte Face est la figure de la douleur, représentée couverte de la couronne d'épines, les yeux fermés ou le regard baissé, du sang coulant sur le front et les joues, la tête légèrement penchée sur le côté, elle est aussi la figure de la mortification, de l'homme humilié et martyrisé. D'autres représentations la montrent comme le simple visage d'un homme triste déjà tourné vers un autre monde, un ailleurs où toute douleur s'efface. Cependant, à regarder longtemps, le sens s'échappe peu à peu. À qui appartient ce visage, homme ou dieu ? Comment savoir ? La figure est muette, elle ne fait pas signe, elle nous oublie, elle nous laisse sur le chemin, elle fait simplement allusion à l'autre.

Comme son modèle, le héros n'est-il pas supposé être celui qui, venant de loin, verrait loin ; n'est-il pas censé être celui qui doit communiquer, par le regard, le désir de cette autre humanité à venir ? Or, cet « autre monde » est absent du film.

Simple allégation, fiction de la fiction, le monde d'où vient le héros, qu'il soit simplement allusif dans *Terminator* ou explicitement nommé (Krypton) dans *Batman*, n'assigne aucune transcendance au film. Il fonctionne à la fois comme un simple supplément à la diégèse et, en même temps, il assigne au héros son origine supra-terrestre comme une évidence.

Or, Silvester Stallone et Arnold Schwarzenegger, ont un regard mort, totalement inexpressif, absent. Il est difficile de lire un quelconque avenir de l'humanité dans de tels regards. Certes, ce type de films ne joue pas sur les subtilités que supposent les jeux de regards, ils travaillent toujours, dans la rhétorique de l'excès et de l'extravagance, sur les effets attendus d'une grandiloquence arrogante et fracassante. On y verra davantage le rictus, la grimace, le masque de la détermination, de la colère ou de la haine que le sourire et le jeu des regards que l'on trouve, par exemple, dans les films d'Ozu où, pourtant, le regard s'esquive constamment. On le voit dans la scène où Rambo, malheureux, raconte à son colonel la mort de ses camarades, scène au cours de laquelle le valeureux combattant, héros attesté de l'armée américaine, manifeste par les grimaces qui déforment son visage, l'ampleur de sa tristesse et de sa compassion sans réussir à nous convaincre de la sincérité de son chagrin. Pas plus d'ailleurs, mais les deux situations sont similaires, que Terminator ne nous persuade de l'authenticité de son dilemme lorsqu'il torture l'expression de son visage pour tenter de nous faire croire qu'il est déchiré entre l'ordre venu de son programme d'origine (protéger John et sa compagne) et le contre-ordre qui lui a été imposé de tuer John.

Il est bien évident que ce type de films, s'adressant à un public universel, ne peut user que d'une rhétorique simple, celle qui impose de n'utiliser que le catalogue des expressions convenues, de telle sorte que le discours puisse être compris immédiatement par tous. Le cinéma a su utiliser magistralement tout ce que le visage pouvait offrir en matière d'expression. Le gros plan en est le modèle le plus exemplaire tout en remplissant la même fonction emblématique. Avant que le cinéma ne se dote de la parole l'essentiel d'un grand nombre d'expressions devait passer par le visage et donc par la forme attendue, susceptible de rendre compte du discours et de suppléer ainsi à l'absence de parole. Il est alors possible de décrire toute une série d'expressions académiques communiquées par la position de la tête : tête tournée sur la droite ou sur la gauche, regard vers l'épaule pour signifier la timidité, la réserve, la pudeur ou encore l'entêtement, le refus, la négation ; la tête tombant sur la poitrine, regard baissé pour signifier la soumission, l'obéissance alors que, au contraire, la tête levée, yeux défiant l'interlocuteur, menton en avant pour montrer l'agressivité, l'arrogance ou la présomption, etc. Formes d'une simplicité telle que le sens en était évident aux yeux de tous. On se souvient combien les actrices du cinéma dit « muet » parvenaient à faire vibrer leurs narines pour manifester l'exaltation, la passion ou la colère, combien aussi elles savaient jouer du regard et du mouvement des lèvres pour dire l'affection, la joie, le bonheur ou, à l'inverse, le dégoût, l'aversion, la tristesse. Le défaut de parole contraignait à exagérer de manière outrancière ce type d'expression jusqu'à lui donner une forme théâtralisée qui allait, parfois, jusqu'à la caricature. Le cinéma d'aujourd'hui n'a pas oublié ces procédés. Dans *Rambo*, le policier, Teasle, dès sa première apparition, porte sur son visage tout ce qu'il va exprimer par la parole en s'adressant à Rambo : la suffisance, la morgue, l'étroitesse d'esprit, la présomption et l'arrogance que lui confère sa fonction, et qui sont manifestés par le regard méprisant, le mouvement dédaigneux des lèvres, le sourire affecté. Il suffit, aussi, de remarquer comment Bruce Willis dans la série des films où il interprète le personnage du policier John McClane utilise systématiquement ces expressions les plus simples ; manifestations du corps qui ont pour fin de sur-signifier ce qui était déjà très évident.

L'outrance des expressions du visage n'est pas l'apanage du cinéma muet, on la retrouve abondamment dans certaines catégories de films. Le masque figé de l'adversaire du valeureux policier McClane, Hans Gruber, dans *Piège de cristal*, signifie sans équivoque la froideur machiavélique de celui qui est porteur du mal. De même, dans *Terminator 3*, la froideur et l'impassibilité du masque figé du personnage de la

TX permet tout autant, en dépit de sa forme très humaine (et très érotique) d'identifier immédiatement le mal, ce que confirmera la terrifiante machine à tuer et à détruire qui se met aussitôt en action. Or, Terminator et la TX ne sont que des virtualités, des incarnations fictives du Bien et du Mal, donc d'une absence ou d'un imprescriptible, d'un inassignable ou d'un indécidable. La configuration des visages et de leurs expressions respectives est un élément essentiel de la construction de ces films puisqu'ils fonctionnent comme des unités signifiantes qui n'ont de sens que dans leur opposition mais qui renvoient explicitement à un vide. Ce n'est pas tel ou tel visage qui fait sens, c'est, d'une part, la référence à la Sainte Face comme forme canonique et, d'autre part, sa différence avec tous les autres visages du même ensemble. Comme, dans chaque visage, chaque mimique, chaque expression, n'ont de sens que par la différence instaurée avec les autres traits signifiants. Même si ce discours signifiant n'a d'autre fin que de déréaliser toute représentation.

Le modèle de la Sainte Face nous dit bien que le visage est ce lieu où rien ne se produit qui n'ait été déjà annoncé, et donc énoncé ailleurs. Qu'est-ce qui est énoncé dans cette annonce ? Quelle est la fonction de la Sainte Face ? N'est-elle pas de nous engager à accorder notre foi à ce visage, à confier notre vie et notre destin à l'autre, à celui dont elle est le signe patent et visible de son essence divine ? Or, ce n'est rien d'autre qu'un visage sanguinolent et douloureux, pourquoi lui accorder ce sens ? Parce qu'on nous dit qu'il est tel que nous le voyons, fils de Dieu envoyé parmi les hommes pour racheter leurs péchés. Visage de la commisération divine adressé à la misérable humanité. Ainsi le visage du héros recueille-t-il, à son tour, ce faisceau de sens : il est tel qu'on nous dit qu'il est, non pas celui à qui nous pouvons confier nos vies et nos destins (il n'est qu'un être de lumière et d'ombre, une empreinte), mais celui qui est présenté comme porteur des valeurs cruciales auxquelles l'humanité doit se rallier : il n'y a d'autre valeur que la violence des armes pour réduire l'autre à sa ressemblance. Discours dont le héros est le représentant le plus éminent de telle sorte que son visage se substitue à l'autre visage celui de la Sainte Face dont le sens s'est effacé au profit de celui, tonitruant, proclamé plus qu'énoncé par le héros de ces films. Reconnaître l'autre comme épiphanie de l'Autre ce n'est pas réduire son identité à une seule et même identité, celle que proclame comme seule valable notre héros, c'est, au contraire, maintenir la distance pour franchir cette distance. Ce que nos héros ne peuvent jamais faire.

Figure et défiguration

Nous voici donc du côté de la défiguration dans les deux sens du terme : changer d'apparence et changer la signification. On trouve trois formes canoniques de la défiguration : Mr Hyde, Frankenstein et King Kong (King Kong est la forme à la fois semblable et opposée de la présence de l'humain dans le non-humain ou du très lointain enfouissement de l'humain dans la nature originelle...).

Depuis ces figures fondatrices on a vu, au cinéma, une multiplicité de masques sous toutes les formes et de sens opposés. Le masque, la défiguration, cache, camoufle, dépersonnalise celui qui, soit se prépare à commettre une action (bonne ou mauvaise) sans être identifié, soit veut se donner une autre identité, soit apparaître comme autre (le gourou, le saint, l'homme sans tache, le héros). Le masque et la défiguration concernent donc l'identité, l'attribution du nom. On sait l'importance du nom attribué aux personnages : le nom emblématise celui qui le porte, il en circonscrit les attributs, il en détermine les qualités et les défauts tout autant, au cinéma, que la physionomie qui lui a été composée, tant il est évident que les auteurs de scénarios comme les romanciers forment les sonorités de ces noms en fonction des caractéristiques qu'ils leur confèrent et choisissent les éventuels prénoms en fonction de la destinée qu'ils leur fixent. Le masque est une trahison du visage, il est un faux visage, comme le nom du héros est un faux nom. Zorro n'est pas Zorro et Batman n'est pas non plus Batman. Rambo n'est pas le pseudonyme du héros mais, outre que son visage est aussi figé que celui d'un masque, Rambo, emblème ou blason, n'est que le représentant d'une entité : le valeureux soldat américain prêt à tous les sacrifices pour sauver l'humanité.

Les bandits grimés ou les vengeurs masqués ne manquent pas dans le cinéma, ils nous conduisent à nous poser la question du sens puisque si le masque du bandit se comprend aisément, celui du vengeur est plus complexe à saisir. L'archétype en est Zorro dont on sait qu'il agit pour rétablir la justice dans une société gouvernée par un pouvoir despotique qui oppresse les pauvres paysans mexicains. Il est la figure de la vengeance du peuple outragé contre les injustices et les violences. Il n'en est pas de même pour les autres héros. Batman ne lutte pas contre un pouvoir oppressif, il est, au contraire, celui qui aide la police à combattre la violence et le crime. Donc, le trait signifiant est, ici, qu'il rétablit l'ordre, qu'il restaure la justice en combattant les criminels. Il faut noter que, si Batman, Superman et Zorro appartiennent à la classe supérieure de la société, et si Spiderman, lui, est issu du milieu relativement modeste de la classe moyenne américaine, ils n'en sont pas moins, les uns comme l'autre, conduits à cacher ce qu'ils sont dans la réalité de leur vie ordinaire et quotidienne. La question demeure : pourquoi se griment-ils ? La défiguration obtenue par des procédés éphémères comme le maquillage, le grimage, les fausses barbes ou fausses moustaches, la couleur des cheveux, le port de perruques, peut être à son tour considérée à l'égal d'un masque puisqu'elle a pour fonction, comme le masque, de rendre méconnaissable celui qui est ainsi transformé en simulacre d'un autre. La défiguration et le masque constituent des figures essentielles de la rhétorique spécifique du cinéma. Le masque, synecdoque de la dissimulation, cache mais conserve ce qui est caché : le vrai visage persiste sous le masque. À l'inverse de la défiguration qui, elle, fait disparaître le visage original. La défiguration est une figure visuelle par laquelle l'humain devient inhumain ou par laquelle est signifiée la part d'inhumain dans tout humain, la part de l'autre dans le même.

Défigurer au sens courant c'est enlaidir, changer, modifier ou altérer. Défiguration signifie action de rendre méconnaissable un visage, d'effacer ses traits distinctifs, d'altérer ses marques de reconnaissance, d'en corrompre les traits. La défiguration peut être soit le fait d'une circonstance accidentelle, soit un acte intentionnellement malveillant destiné à métamorphoser l'aspect ou l'apparence. Le visage présente alors une forme repoussante, avilie, hideuse. Emblème de la laideur, le visage défiguré porte le stigmate de la noirceur de l'âme (mais certains films peuvent aussi jouer sur l'inversion de cette proposition en tenant le discours selon lequel un corps difforme ou disgracié recouvre une belle âme : John Merrick dans *Elephant Man* (David Lynch, 1980), Quasimodo dans *Notre Dame de Paris* (Wallace Worsley, 1923 et Jean Delannoy, 1956). D'une façon générale la beauté du corps et du visage (la face précisément) est l'apanage du héros, apollinien par excellence, alors que l'adversaire (la figure adverse est une figure inverse), est toujours autre, différent, étrange par sa physionomie, son comportement et son accoutrement comme par ses manières de penser, de parler et d'agir que l'on retrouve aussi sous la figure du monstre (les différentes versions du « loup-garou » ou du Dr Jekyll) ou du monstrueux (la litanie des multiples figures du « mort-vivant » ou de Dracula). Il est l'étranger, venu d'un ailleurs sans nom, d'un ailleurs que la belle civilisation occidentale n'a pas touchée. Il n'est pas l'autre, il est, au contraire, montré comme celui qui demeurera à tout jamais inconnaissable, inavouable, en vertu de la logique implacable selon laquelle il ne peut y avoir d'autre qu'à la condition qu'il renonce à être autre chose que moi-même. À ce titre, l'autre qui se refuse à cette renonciation ne peut être, selon la logique du film, que combattu par la force et éliminé sans scrupule : son refus le désigne comme non-humain. Le Joker (*Batman*, 1989), comme Double Face (*Batman Forever*, 1995) ont été défigurés par leurs ennemis ou rendus repoussants accidentellement (mais, comme l'homme qui rit chez Victor Hugo, ils ont été pourvus d'un rictus qui leur confère une figure éternellement hilare). Or, autre figure du masque et de la défiguration, ces films développent une logique du double ou de la double face, de l'envers qui appartient au même objet que l'endroit. Double inversé du héros, la défiguration se situe comme l'incarnation du refus de la différence, mais d'une différence qui appartient à l'homme lui-même, de telle sorte que cet homme est invité à détruire en lui-même cette part obscure, venue du fond d'une humanité non encore polie et policée. Le mal intérieur, est lui invisible, impalpable, en nous malgré nous, représenté, au cinéma, par ces entités qui parviennent à investir les âmes et les corps de leurs maléfices, thème des différentes versions et déclinaisons de Dr Jekyll et Mr Hyde ou de Dracula. Déjà là, le monstre est à combattre et à éliminer avec d'autant plus de détermination qu'il contamine par sa seule présence, discrète ou secrète, toute l'humanité.

Théologie de la noirceur : il y a un Dieu noir, il s'appelle Satan. Le mal c'est, disent ces films, l'informe ou le difforme, il se voit et se reconnaît au premier coup d'œil. Simple reprise de la représentation traditionnelle dans les tableaux destinés à l'édification des croyants ou dans la statuaire des porches des églises chrétiennes où l'ange déchu, Lucifer, le porteur de lumière est, dans sa chute (et par sa chute qui le métamorphose en Satan velu et cornu) défiguré, enlaidi, noirci, recouvert d'un pelage animal, métaphore que l'on retrouve, par analogie, dans la figure du loup-garou [1]. Pour s'être voulu l'égal de Dieu, le plus beau des anges devient ainsi le plus horrible des monstres. Ces films, en apparence si simples, se révèleraient ainsi comme reprenant de très anciennes figurations du double dans le partage de l'univers entre le ciel et l'enfer, entre le haut (Dieu) et le bas (Satan), les uns ne pouvant pas exister sans les autres. Mais reprenant aussi le catéchisme de la lutte permanente contre cet autre moi-même : Batman ne cesse de combattre toujours le même ennemi sous des figures différentes.

La défiguration n'est pas seulement la représentation du monstre ou du monstrueux. La défiguration est aussi, selon la tradition, le signe par lequel se reconnaît le martyr. Il y a une vertu du corps dont la défiguration est le signe. Vertu du corps

---

1. Par exemple : *Le Loup-garou*, de George Waggner (1941), *Frankenstein rencontre le loup-garou*, de Roy William Neill (1943), *La Nuit du loup-garou*, de Terence Fisher (1960), *Le Loup-garou de Londres*, de John Landis (1981).

apte à recevoir les signes de son excellence tout en masquant ces mêmes signes afin d'éprouver la vaillance de la foi des fidèles. Vertu d'un corps qui n'est digne de son caractère divin qu'à la condition d'être avili. De même, c'est par un acte de foi que le spectateur consent à attendre la fin du film, consent à la patience et à la défiguration temporaire du héros avant d'en célébrer la renaissance et la gloire en même temps que la défaite de ses adversaires (il est vrai que sa foi ne lui coûte guère, il sait par avance ce qui va advenir). Vertu de son corps préparé à subir et à supporter les humiliations de ceux qui « ne savent ce qu'ils font » en s'attaquant au héros (mais le spectateur, lui, le sait ; dans *Rambo*, le colonel Trautman tient exactement ce discours en s'adressant au policier Teasle). Qu'est-ce qui est, en définitive, ainsi rendu visible et invisible par la défiguration du héros ? Dans le film, ce n'est pas l'infinitude d'une humanité appelée à la vie éternelle, dévoilée par la finitude misérable de celui qui a accepté de revêtir l'apparence humaine pour témoigner de la sollicitude de Dieu pour l'humanité qui est rapportée mais, au contraire, la petitesse des fins assignées au héros : le spectacle de l'héroïsme pour masquer l'absence de l'héroïsme, grandiloquence et extravagance pour éblouir le regard du spectateur et empêcher toute distance avec ce qu'il voit. Parce que les fins du super-héros cinématographique sont humaines, trop humaines, sa défiguration a pour fonction de dissimuler le vide sur lequel est construite sa figure. Ce que dissimule la défiguration du héros, ce n'est pas son caractère divin mais son absence, sa disparition, ne laissant subsister que le moyen par lequel s'opère le tour de passe-passe par lequel on dissimule ce qui est dissimulé.

Il nous faudra revenir, plus loin, sur la marque incontestable du martyr lorsqu'il est « revêtu d'ignominie », pour montrer ce que signifie alors se revêtir d'un accoutrement particulier lorsque le vêtement vise à la fois à (se) masquer et à (se) montrer, mais aussi que, « se revêtir d'ignominie », c'est ce qui advient à un héros comme Rambo qui se laisse humilier et dépouiller de tous ses attributs afin de laisser au film la possibilité de prétendre tenir un discours qui montrerait l'ignominie de ceux qui l'humilient. Pour l'instant retenons que cette détermination du martyr par la défiguration pourrait être dite à propos de ces anti-héros que sont, dans *Batman*, le Joker ou le Pingouin. Signe de la souffrance, la défiguration est donc ce qui rend visible cette part humaine du non-humain. L'humain ou le trop humain ? De quoi le corps souffrant est-il l'image ? Qu'est-ce qui est, par ce moyen, rendu visible ? Voilà qui nous induit à revenir au film qui ne rend visible qu'une imitation de héros, dissimulant du même coup la dissimulation de son absence.

Le masque : raison et déraison

Ce que le roman décrit de façon linéaire, ce que le lecteur est bien forcé d'appréhender dans le temps de la lecture, est saisi par le spectateur de cinéma dans l'immédiateté du regard. Le procédé est identique, la forme est différente. C'est ce temps qui échappe au film. Lorsque le romancier se borne à la simple description du visage, l'image cinématographique nous fournit d'un seul coup, non seulement le visage mais le personnage tout entier, la forme de son corps, sa taille, sa corpulence, sa musculature ou sa fragilité, la rapidité de déplacement de son regard ou sa retenue, la vivacité ou la lourdeur de ses gestes, etc. Mais le spectateur ne peut pas passer outre le masque que porte tout personnage de théâtre ou de cinéma. Le masque est là, devant lui, sa vision ne peut lui échapper, comme il ne peut pas échapper à sa place de spectateur.

Au théâtre ou au cinéma comme dans la vie sociale, le masque a une fonction d'attribution du rôle de telle sorte qu'il dissimule la vérité de la personne derrière le masque de la *persona*. Resterait encore à déterminer où se situe l'être vrai : qui dissimule qui de la personne ou de la *persona* ? On a tendance à penser que, dans la vie ordinaire, le paraître dissimule l'être puisque nous n'avons jamais à faire qu'au rôle social, c'est-à-dire au masque que nous présente la personne, à condition de supposer qu'il y a un autre derrière le masque, un être caché en quelque sorte, l'autre du masque. Définir la

Le corps de cinéma

persona c'est définir le masque et, par la même occasion, comme Marcel Mauss le montrait, mettre en évidence l'ambiguïté de la notion puisque la *persona* peut revêtir des significations opposées : ce que chacun est et veut être, c'est-à-dire le rôle social assumé, mais aussi la personne vraie, son intimité. Le masque signifie et révèle l'être de celui qui le porte en même temps qu'il le dissimule.

La notion de masque détourne la réflexion pour nous entraîner sur un autre chemin, celui de la méconnaissance qui assigne au sujet une place qu'il n'occupe pas. « L'individualisme de cette civilisation technique, dit Jacques Derrida, repose sur la méconnaissance même du moi singulier. C'est un individualisme du *rôle* et non de la *personne*. Dans un autre langage on dirait : individualisme du masque ou de la *persona*, du personnage et non de la personne. [...] l'individualisme moderne, qui se développerait depuis la Renaissance, s'intéresserait au *rôle joué* plutôt qu'à cette personne singulière dont le secret reste caché derrière le masque social [1]. » Au-delà de l'analyse du « masque social », il se pourrait que ces réflexions nous conduisent à retracer le sillon de la comédie, de la fable, du conte, de la tragédie, du drame pour découvrir ce qui est mis en retrait, soustrait par le masque ou ce dont le masque est le signe : le secret derrière le masque ou le dévoilement du secret par le masque ? Derrida parle d'une « dissimulation inauthentique » parce qu'elle prétend dévoiler (comme la technique est censée le faire chez Heidegger) au nom d'une autre dissimulation, ce qui reste voilé. « La dissimulation inauthentique, celle du rôle masqué, ennuie parce qu'elle prétend dévoiler, montrer, exposer, exhiber, exciter la curiosité. À tout dévoiler, elle dissimule ce dont l'essence est de rester caché, à savoir le mystère authentique de la personne. Le mystère authentique doit *rester* mystérieux, et nous ne devons l'approcher qu'en le laissant être ce qu'il est en vérité : voilé, en retrait, dissimulé [2]. »

---

1. Jacques Derrida, *Donner la mort*, p. 56.
2. Jacques Derrida, *ibid.*, p. 58.

Nous étions partis du masque dans le sens ordinaire du terme lequel désigne cet objet dont on se couvre le visage. Masque du jeu, masque du théâtre, masque de carnaval ou masque du pilleur de banque, chacun a une fonction de dissimulation et, à la fois, de dévoilement. Si le masque dissimule l'identité, empêche l'identification du porteur, il dévoile aussi l'identité réelle du porteur : ce n'est pas par hasard si l'enfant qui joue choisit telle figure plutôt que telle autre, de même que le masque de carnaval parle de celui qui le revêt mieux que ne le fait le vêtement qu'il porte ordinairement (qui, lui, signifie seulement son *rôle social*) puisque l'habit dont il est revêtu lui est, en quelque sorte, imposé par son rôle social, alors que l'autre, résultant d'un libre choix, dévoile ce qu'il est authentiquement ; de même, le pilleur de banque n'est ce qu'il est authentiquement que lorsqu'il est identifié comme le dangereux malfaiteur qu'il prétend être par son masque. Nous sommes alors, ici, dans ce que Derrida appelle la « dissimulation (inauthentique) de la dissimulation (authentique) » qui relève, dit-il, d'une « logique du secret », lequel n'est jamais si bien gardé qu'en étant exhibé.

Ainsi, si nous reprenons notre propre chemin vers ces films dans lesquels la technique est présente sous ses formes parfois les plus extravagantes, elle nous apparaît elle-même comme masque et dissimulation. Le masque n'est pas seulement ce qui couvre le visage des personnages dans le récit, il se manifeste aussi dans cette profusion technique qui nous est présentée comme une évidence insurpassable, comme ce dont il serait vain de chercher le sens ou plutôt dont le sens est secret, maintenu caché, dont la clé ne peut appartenir qu'à ceux qui détiennent la puissance nécessaire pour maîtriser de telles forces. Le thème du masqué/démasqué, du voilé/dévoilé rapporté à la technique se revendique de Heidegger lorsqu'il considère la technique comme un « mode du dévoilement », comme un « arraisonnement », non comme une production mais comme une « pro-duction », comme ce qui nous conduit à...[1].

---

1. « L'essence de la technique réside dans l'Arraisonnement. Sa puissance fait partie du destin. Parce que celui-ci met chaque fois l'homme sur un chemin de dévoilement, l'homme ainsi mis en chemin avance sans cesse au bord d'une

Mais ce qui est exhibé dans *Rambo* ou *Terminator*, n'est pas destiné, comme chez Heidegger, à ouvrir le chemin vers…, mais au contraire à en occulter toutes les voies. C'est bien ici de dissimulation de la dissimulation qu'il est question. La surabondance, l'excès, la démesure, la sophistication des objets techniques ne peuvent, alors, être analysées que sous le signe du masque, comme ce qui cache, comme l'éblouissement qui aveugle par son excès de clarté, empêchant de voir autre chose que cette lumière même. Il ne s'agit pas de viser l'au-delà de l'étant mais, au contraire de le dissimuler et de dissimuler cette dissimulation.

Masquer, démasquer

Si, pour Heidegger la technique est un mode du dévoilement, une « pro-duction », ne peut-on pas dire que le masque, le déguisement comme technique de la dissimulation est une in-duction, une action visant à tromper, à induire en erreur. À l'inverse du dévoilement nous aurions ici un mode du *caché*. La provocation heideggerienne vise à sommer les éléments de la nature à dire ce qu'ils sont. Or, le masque est vu comme masque, il se montre comme tel, il exhibe ostensiblement sa nature de masque, invitant, là aussi, à sommer le porteur du masque à dire ce qu'il est. Une grande partie des films dont il est question ici, comme de tous ceux où intervient un personnage masqué (que ce soit *Judex, Fantomas* ou *Eyes Wide Shut*) est construite sur cette poursuite du démasquage, de la révélation de la véritable identité derrière le masque alors que cette vérité est dans ce qu'on voit : le masque. Comme la lettre volée était là, dans la nouvelle de Poe, bien en évidence, il suffisait de la voir.

---

possibilité : qu'il poursuive et fasse progresser seulement ce qui a été dévoilé dans le "commettre" et qu'il prenne toutes mesures à partir de là. », Martin Heidegger, « La question de la technique » in *Essais et conférences*, p. 35.

Se masquer, se grimer, se déguiser c'est se vouloir autre, c'est se présenter comme autre à l'autre. Vieille tradition carnavalesque. Forme du désir, le carnaval était l'occasion pour chacun de prendre une apparence différente, de se changer, de se voir autre. C'était aussi se donner, sous le masque, l'autorisation de faire ce que la vie ordinaire interdisait et que la morale prohibait. C'est donc le vêtement et, par conséquent, l'apparence qui seule compte. La question devient alors : où faut-il chercher la vérité : dans la personne ou dans la *persona* ? Ne serait-ce pas l'apparence qui révèlerait l'authenticité de celui qui, ainsi débarrassé de toute convention sociale, morale ou esthétique se montre dans sa vérité ? Ou, en tout cas, tel qu'il se voit ou tel qu'il se voudrait, tel qu'il voudrait que les autres le voient ? Le masque, le vrai masque, serait celui que chacun porte dans la vie ordinaire. Démasquer celui qui se grime ce n'est pas retrouver l'être réel c'est, au contraire, le renvoyer à sa fausseté. Le héros n'est ce qu'il est dans sa vérité que sous le masque qui lui donne non seulement son apparence mais sa vérité essentielle. Débarrassés de leurs masques Batman, Superman ou Spiderman ne sont rien. Il n'ont d'identité, ils ne sont identifiables que par le masque et le vêtement qu'ils portent. Il y a, certes, de la fantasmagorie dans tout cela, seul celui qui croit aux fantômes peut voir des spectres. Le pouvoir ne tient, souvent, qu'aux apparences du pouvoir comme la justice ne tient, parfois, qu'à son apparat. Dans ce cycle de films ne peuvent être héros que ceux qui sont autres. Autres que ce qu'ils sont dans l'ordinaire de la vie, ne serait-ce que temporairement, pendant la durée de l'action héroïque, et autres que l'ensemble de ceux qui vivent dans la même communauté. Mais, ce que ces films veulent montrer, et parfois démontrer lourdement, c'est que être autre c'est être le même : l'Américain qui devient héros n'est pas autre qu'Américain, il n'est Américain qu'en étant héros, comme s'il appartenait à l'essence de l'homme américain d'être un héros pour l'humanité.

Se masquer c'est porter un costume. Le personnage au théâtre c'est celui qui porte le costume de ce qu'il n'est pas, la *persona* du théâtre antique était porteuse du masque comme aussi les acteurs du théâtre indien ou chinois. Ou encore comme le chaman qui ne peut opérer sa magie que s'il est différent de tous les autres par son savoir, par ses actes et par son costume. Revêtir le costume de sa fonction c'est être la fonction dont on porte le costume. (Que serait le pape sans son costume de pape ?) Le costume, le décorum, l'apparat et l'apparence sont les appareils du pouvoir. N'est-ce pas ce que dit Rossellini dans *La prise du pouvoir par Louis XIV* (1966) ? Goya l'avait bien compris comme le montre la gravure *Lo que puede un sastre* (Ce que peut un tailleur) montrant une armature d'épouvantail revêtue d'un costume religieux devant laquelle s'agenouillent les passants. N'est-ce pas aussi la démonstration inverse que fait Manet dans *Le déjeuner sur l'herbe* en montrant une femme nue avec des hommes vêtus ?

Le salut de l'humanité tient-il au vêtement ? Le vêtement n'est qu'un signe, le signe de la croyance naïve en la magie. Comme la fée, dans les contes, transforme d'un coup de baguette magique un univers sordide en un monde merveilleux, il suffit que Batman, ou Spiderman ou Superman ou Zorro, endosse le costume pour se rendre capable d'accomplir l'extraordinaire.

Le héros est masqué, déguisé, il porte un vêtement particulier, tout à fait différent du vêtement habituel des autres protagonistes. Le thème n'est pas spécifique au super-héros, on le retrouve dans un grand nombre d'œuvres cinématographiques depuis les débuts du cinéma (*Fantomas*, *Judex*, Louis Feuillade, 1913 et 1917) jusque dans les films récents, par exemple (mais on pourrait en trouver beaucoup d'autres) dans *La main au collet* (*To catch a thief*, Alfred Hitchcock, 1955 [1]). On peut dire, certes, que le déguisement n'est qu'un artifice de construction du récit que l'on retrouve dans le roman populaire sous la forme de l'homme mystérieux (par exemple *Le Bossu* de Paul Féval et les films homonymes d'André Hunebelle, 1960 et Philippe de

---

1. On peut rappeler la très savante construction de renvoi des masques dans ce film : le personnage masqué et costumé (surnommé Le Chat) qui se glisse sur les toits comme un chat pour commettre ses forfaits est en fait le double d'un double : personnage réel et personnage masqué qui a pris l'apparence d'un autre qui était lui-même personnage réel et personnage masqué.

Broca, 1997), mais que l'on rencontre également dans la littérature dramatique (chez Balzac, Vautrin déguisé en magistrat dans *Splendeurs et misères des courtisanes*). Le thème a donc été largement exploité comme le montrent les quelques exemples cités ci-dessus auxquels on peut ajouter, autre figure du masque rencontrée au cinéma, le personnage qui prend l'identité et les traits de caractère d'un autre personnage, par exemple dans *La Mort aux trousses* (*North by Northwest*, A. Hitchcock,1959), dans *Sueurs froides* (*Vertigo*, A. Hitchcock,1958) ou dans *La Sirène du Mississipi*, F. Truffaut, 1969).

Le film de Jacques Tourneur, *La Féline* (« *Cat People* », 1942), établit une relation tout à fait intéressante entre la notion de déguisement, en l'occurrence, ici, de transformation du corps ou de phantasme de transformation, et la notion de virginité. Dans ce film, Irena ne veut pas perdre sa virginité de peur d'être transformée en panthère parce qu'elle descendrait d'une lignée de femmes-monstres. Elle prend donc prétexte de cette crainte pour refuser toute relation sexuelle avec son mari. C'est, là encore, un thème qui n'est pas rare depuis le personnage de Faust jusqu'à celui du Dr Jekyll pour lesquels, retrouver la jeunesse pour l'un ou la physionomie d'un monstre pour l'autre, renvoie à la possibilité de renouer avec la relation amoureuse ou avec les débordements de la sexualité animale. En 1797, dans l'*Anthropologie du point de vue pragmatique*, Kant établissait, lui aussi, le parallèle entre l'expression du désir sexuel et le déguisement (en paroles). « Il en est ainsi de l'amour sexuel dans la mesure où il ne se propose pas d'assurer le bien de son objet, mais plutôt d'en tirer une délectation. Combien d'esprit n'a-t-on pas dépensé pour jeter un voile léger sur ce qui, pour être bien aimé, n'en laisse pas moins voir, entre l'homme et l'espèce animale, comme une parenté assez proche pour exiger la pudeur ? Dans la bonne société, ce qu'on en exprime n'est pas dit sans quelque déguisement, même si c'est assez transparent pour porter à sourire [1]. » Déguisement et transparence dit Kant, si le déguisement est transparent, il ne

---

[1]. *Anthropologie du point de vue pragmatique*, p. 24.

cache pas, il n'est plus simple apparence trompeuse, il révèle et il dévoile. Respecter les règles de la pudeur c'est se couvrir, porter un vêtement, ne pas se dénuder, cacher son corps au regard, fut-ce, dans certaines cultures, au sien propre c'est-à-dire ne pas même se voir nu. Cacher le corps c'est le dérober au regard, l'ignorer, le nier, l'abstraire (en faire une abstraction), c'est-à-dire une entité imaginaire. Certains héros ne sont que leur vêtement. N'est-ce pas ce qui nous est signifié par le fait que c'est seulement sous cet habit que le corps du héros peut accomplir ces actions extraordinaires, voler dans les airs comme un oiseau, se tirer des situations les plus dramatiques, échapper à la mort, bref être immortel, c'est-à-dire perdre ce qui fait de l'homme un homme : être mortel et faillible. Martin Scorsese revenait récemment sur cette question, même s'il la plaçait sur un autre plan, celui des conséquences des nouvelles technologies (les effets spéciaux) sur la représentation de l'humanité. « Mais il y a dans les grands spectacles, un vide, un nihilisme, qui deviennent un problème culturel, en tout cas en Occident. [...] Je pense à tous ces films dans lesquels des personnages de bande dessinée prennent vie et se mettent à voler partout. On peut bien sûr prendre plaisir à un bon spectacle. Mais aujourd'hui, les spectacles produisent un effet déshumanisant, en grande partie dû à la technologie [1]. » Au lieu du dévoilement dont parlait Heidegger, on aurait donc, au contraire, un effet de masquage par lequel cet énorme appareillage technologique serait voué à produire un effet d'occultation et de dissimulation.

Le déguisement comme représentation

Dans les contes ou dans les fables, le déguisement occupe des places différentes mais il remplit toujours une fonction de masquage du personnage. Soit le héros adopte une forme

---

1. Martin Scorsese, « Le cinéma de distraction me fait penser aux jeux du cirque », *Le Monde*, 27-28 novembre 2005.

humaine, animale ou végétale qui lui permet d'échapper à ses adversaires avant de les vaincre totalement, soit le « méchant » prend l'allure ou l'habit d'un personnage avenant, plein de bienveillance ou de bonhomie pour tromper le héros ou l'innocente victime. Changer de vêtement c'est « se changer ». Le vêtement, quelle que soit sa nature, est un signe par lequel chaque personnage est à sa place ou, au contraire, déplace le sens de son personnage. Glissements du sens qui constituent une part de l'architecture du récit et, parfois, le ressort de l'intrigue : Nosferatu s'habille d'un cercueil et Dracula prend l'habit du vampire [1].

Au cinéma, le vêtement n'est que la figuration plastique d'une idée, il n'existe que par sa représentation, il n'est que le signe d'une absence. Dans sa virtualité, le vêtement, objet de la photographie de mode dont parlait Roland Barthes, offrait, par son association au texte qui l'accompagnait, des possibilités d'existence réelle, il aspirait à être porté, opportunité que le film de cinéma n'offre pas. Le vêtement comme le personnage qui l'endosse est, dans le film, fragment de discours, symbole et métaphore, donc absence. Il est ce discours visible par lequel le spectateur identifie spontanément chaque personnage et lui attribue ses caractères propres, même si le film ruse avec le spectateur en lui laissant penser que le vêtement de tel personnage signifie telle chose pour se révéler, plus tard, avoir un sens opposé. Le discours du film joue avec le dévoiement et le détournement qui font que le spectateur croit voir ce qui n'est pas, ce que le film donne pour visible n'étant destiné qu'à guider ou à désorienter le spectateur. Remarquons toutefois que cette organisation du discours ne se trouve que rarement utilisée dans les films dont nous parlons ici qui, eux, fonctionnent le plus souvent sur l'évidence des situations et des comportements. Le vêtement déguise invariablement le personnage, le symbolise et l'emblématise : le vêtement emblématique de Rambo c'est le torse nu montrant la puissante musculature, le bandana qui couvre sa tête et la monstrueuse arme automatique qu'il tient dans ses mains. Le vêtement, en

---

1. *Nosferatu*, F. W. Murnau, 1922 et *Dracula*, Tod Browning, 1931.

tant que déguisement, est la métaphore visible permanente des valeurs dont le héros est censé être porteur.

 Si le héros porte un habit, c'est aussi en ce sens qu'il faut l'entendre : il doit se couvrir d'un vêtement – magique en quelque manière –, à défaut duquel il est privé de tout pouvoir. Ce vêtement si singulier mérite que l'on s'y arrête puisque porter un habit distinctif se retrouve dans la plupart des civilisations, et donc dans les mythes, les contes et les fables qui s'y rapportent. Il peut être encore cet habit d'exception qui ne se porte que dans des circonstances particulières, représentation théâtrale ou cinématographique, bal masqué, mariage, cérémonie initiatique, exercice d'un rite. Habit de prestige et d'apparat : toge de juge au tribunal, uniformes militaires pour la parade ou d'académicien pour la séance solennelle, il est, dans ces cas, revêtu comme signe d'appartenance à une communauté ou à une corporation, mais aussi pour impressionner, pour forcer le respect ou l'admiration. Lorsque le déguisement est un vêtement de carnaval ou de « *halloween* », s'il apparaît aujourd'hui, dans ces occasions, comme un jeu, comme une manière de se donner un moment d'allégresse, il est d'abord une manière de se masquer, de se cacher, donc de tromper les autres en ne révélant pas ce qu'on est ou qui on est réellement. Le déguisement de carnaval permettait par conséquent de s'autoriser un comportement que, d'ordinaire, l'on ne se serait pas permis ou que l'on aurait trouvé dégradant ou obscène chez d'autres. Métaphore, le déguisement fonctionne à la manière d'un « comme si… ». Porter un déguisement appartient à l'univers du jeu, même si celui qui se déguise prend au sérieux le rôle que lui attribue le vêtement. Se déguiser vise à tromper, donner l'illusion que…, c'est se présenter comme étant celui dont le vêtement est l'emblème ou le blason. Le déguisement est donc le représentant manifeste de ce qui, autrement, demeurerait secret ou caché. Jouant à la fois à montrer ce qui est caché et à cacher sous le masque ce qui ne peut être montré, à dissimuler la dissimulation.

 Qu'il concerne l'enfant ou l'adulte, le déguisement dans le jeu s'énonce comme un déplacement et un dépassement de soi, comme une manière d'être autre, comme affranchissement du quotidien mais aussi comme élargissement de son horizon de pensée et d'action, ce que les psychothérapeutes mettent en œuvre dans les *jeux de rôles*. Dans « La création littéraire et le rêve éveillé », Freud en vient à considérer qu'« en ce qui touche par exemple les mythes, il semble tout à fait probable qu'ils sont les reliquats déformés des fantasmes de désir de nations entières, les *rêves séculaires* de la jeune humanité [1] ». Le jeu parle du désir ou parle le désir. Discours complexe en cela qu'il met en scène une certaine profusion du désir, une certaine surabondance donc un excès du désir. Assister à un spectacle, s'asseoir dans une salle de cinéma, est un jeu, fait partie du jeu du désir. Adhérer à ce jeu du désir c'est accepter d'entrer dans ce jeu gratuit, improductif, sans finalité.

Dans la plupart des religions le prêtre porte un vêtement particulier pour accomplir le rituel, faute de cet habit il ne pourrait pas être ce qu'il prétend être. En outre, revêtir cet habit est en soi un rite, cette action ne peut se faire que dans le respect d'un certain ordre et dans la fidélité à des gestes eux aussi ritualisés. Revêtir l'habit c'est s'élever à la dignité qu'impose l'habit. Le prêtre, lorsqu'il se prépare pour accomplir le rituel, se couvre de vêtements sacerdotaux qui font de lui, homme ordinaire parmi les hommes, l'intercesseur indispensable entre le sacré et le profane ; s'habiller est déjà, pour lui, un acte cérémoniel, ritualisé, sacramentel. On pourrait en dire autant du toréro au moment où il s'apprête au combat, se met à nu, abandonne à la quotidienneté son vêtement habituel pour s'introduire dans l'habit qui le rend autre, apte à affronter la rencontre avec la mort. Il est remarquable de constater que ce qui est dit du prêtre pourrait se dire d'autres personnages sociaux qui, eux aussi, portent l'habit : les militaires, les gendarmes, les policiers, les douaniers, les avocats, les juges, les académiciens, les monarques, les présidents, etc. Sans parler des danseurs, des comédiens de théâtre ou des acteurs de cinéma, des clowns, des acrobates, des gymnastes, des footballeurs ou des coureurs cyclistes. Habits, certes de fonction

---

1. S. Freud, « La création littéraire et le rêve éveillé », in *Essais de psychanalyse appliquée*, p. 79.

et fonctionnels, mais qui font de chacun d'eux, à l'image du garçon de café de Sartre, celui (ou celle) qui se désigne et se représente comme apte à assumer le rôle que l'on attend de lui.

La réflexion sur la représentation plastique du vêtement nous renvoie nécessairement à la notion de séduction. Séduction qui, à bien des titres, fonctionne comme une forme de fascination et s'exerce sur le mode particulier de la sidération. L'image, par son pouvoir émotionnel, fige la représentation et submerge la réflexion. En sollicitant l'émotion, elle obtient une puissance de conviction immédiate, spontanée, sans commune mesure avec celle que possède le discours qui, lui, exige du temps. Elle nous laisse non seulement sans voix (il n'y a personne en face pour nous répondre) mais aussi sans recul, sans distance devant ce qui nous est montré. Elle s'impose à nous comme une évidence muette.

Toutes proportions gardées nous sommes, dans les films qui présentent les exploits du super-héros, dans un régime analogue. Nous retrouvons la même articulation : pouvoir de l'image, puissance émotionnelle, réclamation d'une foi aveugle, peur de la sanction pour celui qui ne croit pas. On dira que ce ne sont que des fables auxquelles personne ne croit… ce qui est vrai, mais elles n'en agissent pas moins avec la même force que la fable racontée aux enfants. Le vêtement de chauve-souris revêtu par Batman lorsqu'il se détache sur la lune montante joue de la beauté plastique de l'image pour peser sur l'esprit préparé du spectateur. On remarquera d'ailleurs que ces ailes ont la même forme et la même couleur noire que celles figurant dans la représentation la plus courante de Lucifer au moment de sa chute, opposées à celles de l'archange Gabriel ou de saint Michel qui sont, elles, de forme douce et de couleur immaculée. L'exaltation qu'il suscite agit de la même façon et dans le même registre que l'image pieuse. Non que Rambo enfermé dans son souterrain soit l'équivalent d'une « mise au tombeau », cela le spectateur le sait bien, mais il se laisse emporter de la même manière dans un élan compassionnel conforme à la vénération suscitée par l'image religieuse. Or la vénération suppose l'absence de soi, le fait de s'absenter, une certaine forme de renoncement : n'être plus rien pour se donner totalement à l'accomplissement de l'autre. La scène citée ci-dessus, si nous devons lui refuser d'être l'analogue d'une « mise au tombeau », nous pouvons lui concéder que le discours du film lui accorde le statut d'une « mort et résurrection du héros ». Le héros meurt à la vie plate et ordinaire de l'homme commun, battu et humilié, pour renaître à la vie héroïque, comme on peut le voir chaque fois que Batman ou Superman change de costume, se déguise pour devenir autre et susciter, à son tour, la vénération.

Un vêtement n'est déguisement que parce qu'il est autre que celui, ordinaire et convenu, que chacun porte. Le vêtement est toujours de son temps, sauf à être un signe distinctif comme les adeptes d'une religion qui portent le vêtement qui désigne leur appartenance à telle religion : les bouddhistes, les sikhs, les musulmans, les juifs, les amisch, les prêtres catholiques et les pasteurs protestants… Mais le vêtement particulier peut être aussi, pour celui qui le porte, le signe de sa fidélité à sa communauté d'origine : boubous africains, sari indien, kamis maghrébin…

Par ailleurs l'excès ou le déplacement ou le détournement du vêtement ou d'une partie du vêtement habituel, ordinaire, est lui aussi signe de la volonté ou du désir de celui qui l'opère de se situer en dehors de la norme ou à l'écart ou à la marge. Le vêtement peut faire scandale par lui-même, en dehors de toute attitude ou comportement provocateur de la part de celui qui s'en est couvert.

Le déguisement, comme le vêtement de cérémonie, s'offre toujours comme représentation symbolique. Il a à ce titre, indépendamment de sa forme, la même fonction que les autres symboles : la croix, même grossièrement dessinée, est respectée par le chrétien parce qu'elle représente l'objet de sa croyance ; porter le vêtement et le nom du héros c'est être le héros aux yeux du spectateur. Chaque élément du vêtement que revêt le prêtre pendant l'office, et du franc-maçon pendant la cérémonie maçonnique, sont des représentants concrets de concepts abstraits. Zorro, le justicier, celui qui combat le despotisme, se sert d'une épée, arme noble par excellence, porte l'habit noir du justicier, est masqué. On peut noter que la couleur noire, couleur du deuil, de la mort, de la tristesse est aussi, dans de nombreux films, la couleur du vêtement du personnage qui représente le vengeur, le justicier, le redresseur de torts, le bandit d'honneur, bref de celui qui est à la fois la figure exemplaire de la loi et du droit, et porteur de mort. Manifestant le désir d'être autre, d'être un autre, le déguisement fonctionne comme un discours autre, comme un discours métaphorique, mais aussi comme parabole. Ces films peuvent en effet être interprétés comme des apologues c'est-à-dire comme des récits imagés destinés à faire comprendre au spectateur le partage du monde et l'imprescriptible chemin de mort que suivent les forces du mal combattues par le héros.

Le jeu complexe des déguisements, des masquages, des dissimulations, des occultations ou des détournements nous met en présence d'une rhétorique de la disparition. Ce qui apparaît n'est qu'apparence, chatoiement et transparence, occultant vide et absence. L'accumulation des leurres, leur superposition savante, leur entrelacement serré fait disparaître le sujet non pas au profit d'une transcendance de l'autre mais pour ne laisser subsister que le néant de son inexistence. S'il y a du vide, ce n'est pas que ce vide demanderait à être comblé, il n'est là que pour signifier le vide sur lequel le spectateur est invité à être aveugle : il n'y a pas d'autre. Le spectacle est certes agréable à l'œil, à la condition que le spectateur se conforme au contrat qui l'institue en tant que tel, ferme les yeux sur ce que dissimule cette simulation d'un Autre fantasmé et clos sur lui-même.

La ruse

La ruse est un instrument du combat, un stratagème, à la fois stratégie guerrière, dispositif de surveillance, agencement du désarmement de l'adversaire, mais aussi tactique de lutte (éviter l'affrontement, détourner l'attention). Comme le cheval de Troie, ou la lettre volée chez Poe, elle est un artifice : montrer pour cacher, montrer l'apparaître pour cacher l'être. Ruse agonistique des uns comme ruse du discours pour les autres, il s'agit toujours de déjouer l'apparence au profit de ce qu'elle n'est pas. « La ruse et l'embuscade – industrie d'Ulysse – constituent l'essence de la guerre [1]. »

Forcément, la réflexion nous conduit aussi à analyser la ruse sur un autre terrain, celui de la relation sociale, du rapport entre les hommes, comme le dit la revue du M.A.U.S.S. [Mouvement Anti-Utilitariste en Sciences Sociales] : « Car les ruses, ou plutôt les rusés non seulement tissent la trame de la vie sociale, mais peuvent aussi détricoter le lien social. » Tisser la trame c'est faire exister ce qui ne doit pas se voir, ce qui ne devra jamais être vu et donc construire le caché, édifier l'invisible. Mais ce « détricotage » (qui n'est pas une déconstruction), n'est pas une voie ouverte à l'anarchie puisque, ajoutent les auteurs, « au-delà de l'aménagement plus équitable de l'ordre existant, en effet, certaines ruses annoncent une nouvelle disposition des rapports sociaux. [...] Faute de religion (ou de raison), on donne dans la magie (et la ruse) [2]. » La ruse serait ainsi un défaut ou un manque de raison (ou de religion), à moins qu'elle ne soit un excès de raison et de religion dans le sens où elle ne serait qu'un détour emprunté par la raison ou la religion pour faire advenir, au dépit de la naïveté des hommes « l'aménagement de l'ordre existant » ou la croyance religieuse. La raison comme ruse ? Ou la ruse comme raison ? Il y a bien longtemps (depuis Hegel) que l'on connaît ces détours. La religion aussi comme ruse ? N'est-elle pas ce long détour, ce détournement de l'attention vers ce qui ne peut jamais être saisi que par un bond vertigineux vers ce qui n'est pas, l'absent ? D'ailleurs, l'Incarnation n'est-elle pas présentée, dans certains textes, comme la ruse de Dieu à l'encontre du Diable [3] ? Et Descartes n'envisage-t-il pas (détour et détournement là aussi) l'hypothèse d'un Dieu rusé et trompeur avant de l'écarter au profit du Dieu vérace ? La ruse donc, au plus profond de l'organisation des hommes entre eux, ce par quoi ils détournent les forces naturelles à leur profit en s'associant, créant ainsi les

---

1. Emmanuel Levinas, *Totalité et infini*, p. 248.
2. « Les raisons de la ruse », *La Revue du M.A.U.S.S.*, 2004, p. 11.
3. Cf. Louis Marin, *Opacité de la peinture*, p. 160, note 18.

rapports sociaux à défaut de quoi ils ne seraient que des animaux sauvages et cruels (même s'ils le restent en partie).

Détour pour détour : la ruse à son tour ne peut pas apparaître pour ce qu'elle est. Elle ne serait qu'un pis-aller, ce qui ne peut être exhibé comme action glorieuse, arme du faible, du tortueux, du sournois, de l'obscur opposée à l'arme claire, franche et droite du combat loyal. Mais, à suivre ces notations, on voit combien la ruse joue avec le lien social et se joue du lien social comme elle se joue des stratégies de l'adversaire. Elle est ce qui permet de déjouer, c'est-à-dire de jouer ailleurs, de choisir un autre terrain de lutte, de ne pas accepter de jouer dans les règles mais hors des règles. La logique de la ruse serait ainsi une logique du secret : ce qui se fait et ce qui se défait par la ruse ou dans la ruse, introduit nécessairement du désordre et introduit un ordre autre.

Éloge de la ruse : Ulysse, le voyageur, est appelé le rusé tant il lui a fallu inventer d'astucieux stratagèmes pour parvenir indemne au bout du voyage... Or la ruse n'accorde pas toujours le bénéfice du prestige attribué à la victoire par l'affrontement franc et direct. Dénigrement de la ruse : comme le rappelle encore le M.A.U.S.S., « Jason, par exemple, n'est pas le plus brillant des héros puisqu'il obtient la Toison d'or non pas par sa franchise ou par son courage, mais par une ruse magique [1]. » La ruse ne peut être que dissimulée : que signifierait une ruse dont on annoncerait par avance ce qu'elle envisage d'être ? Ce qui pose le problème du langage comme ruse ou, pour poser la question autrement, la langue de la ruse fonctionne-t-elle comme usurpation de sens : la ruse peut-elle se dire dans un langage de vérité ou seulement toujours par des paroles dont le miroitement éblouit et aveugle ? Elle prend alors la place de ce qui aurait dû advenir dans la langue, elle substitue l'apparence à l'être. De même, si l'éloge adressé au héros rusé est un éloge adressé à la dissimulation, il est aussi une manière de se réjouir que l'intelligence, l'invention, l'imagination, l'astuce, l'emportent sur la force brute. Une façon de constater que la ruse est la force du faible, du petit, de l'inférieur qui peut, grâce

---

1. « Les raisons de la ruse », *La Revue du M.A.U.S.S., ibid.*

à elle, vaincre le fort, le grand et le supérieur. De là la jubilation du spectateur devant les ruses du rusé lorsqu'elles sont le fait du faible qui, ainsi, l'emporte sur le fort. La ruse est révélatrice du pouvoir d'invention, des ressources de l'imagination, des astuces de la représentation. Toute représentation n'est-elle pas, au moyen d'une figure de rhétorique ou d'une figuration plastique, jamais autre chose qu'une ruse par laquelle on fait voir ce qui n'est pas là, ce qui est absent, ou qui est autre ou ailleurs ? À moins que l'on n'ait, ici aussi, un mode du « se montrer » pour se cacher. La ruse est là pour préserver le secret de la force ou de l'intelligence du héros. Elle est tromperie, mais quel est le mode de cette tromperie ? Elle joue sur l'apparence et la transparence : Rambo se laisse maltraiter par le shérif pour masquer ses capacités de combattant dangereux pour ceux qui l'attaquent, et Clark Kent cache sous l'apparence du transparent journaliste son origine extra-terrestre comme son rôle de justicier sous l'habit de Superman. On a donc, constamment un jeu des apparences et des transparences qui font du spectateur le seul détenteur du secret de ces identités véritables tout en étant fausses. Le spectateur sait qu'il y a ruse, il sait où est la ruse. Il s'y associe, il entre en connivence avec elle. Il est contraint, par le récit, de s'associer à la fois à cette ruse et à ce combat du héros pour faire triompher le bien et anéantir le mal. Platon dénonçait cette ruse de la représentation lorsqu'il refusait à l'image tout droit à l'existence justement parce qu'elle est, par essence, trompeuse et donc ruse par laquelle on rend présent ce qui, en vérité, est absent.

Que font nos héros si ce n'est user en permanence de la ruse : ils trompent constamment le monde qui les entoure en n'accomplissant leurs exploits que sous le déguisement qui cache, tout en la révélant, leur véritable identité. Ils paraissent faibles et timorés sous leur apparence d'hommes ordinaires afin de mieux dissimuler la mission dont ils sont investis. Même Terminator, qui ressemble à tout autre homme, ne peut révéler qui il est ni ce pour quoi il a été envoyé. Dans *Terminator 3*, il abuse le gardien qui veille à l'entrée du bar par son apparence de terrien banal, comme il trompe John et Kate en leur laissant croire qu'il vont pouvoir s'opposer à la fin du monde voulue par les machines, alors qu'il va les conduire à l'abri qui les protègera de la destruction. En outre, on retrouve ici le fantasme courant qui voudrait que les machines échappent à la maîtrise de leurs inventeurs pour imposer leur pouvoir aux hommes devenus leurs esclaves. Dans un certain sens, les hommes sont trompés, abusés et finalement mystifiés par la technique. Face à la puissance des machines seule la ruse, en plaçant des leurres, peut transformer le cours du combat [1]. Mais Terminator n'est-il pas lui-même une machine, certes d'une extrême sophistication, mais machine qui combat une autre machine, la T3 (autrement appelée Terminatrix), elle-même représentante d'une entité supra-terrestre que le spectateur ne peut se représenter que sous la forme d'une puissante machinerie diabolique. On peut noter au passage que Terminator est une machine ancienne qui ne possède pas les pouvoirs de la T3 qui, plus récente, possède tous les perfectionnements lui permettant des transformations impossibles à réaliser par Terminator. Elle détient, en outre, une puissance au combat surpassant manifestement celle de son adversaire. D'où le fait que Terminator est forcé d'user de ruse pour échapper à la destruction par la T3.

Ruse et mystification ? Quel que soit celui qui la met en œuvre, quelles que soient ses intentions ou ses désirs, la ruse est, par essence, détournement et illusion. (Le film, simple empreinte, n'est-il pas lui-même une ruse ?). Si la ruse est du côté de celui qui ne possède pas la force ou la puissance nécessaire pour affronter un ennemi qui détient la supériorité des armes, elle est aussi l'instrument utilisé par celui qui veut dominer l'autre par n'importe quel moyen, et qui va donc, à cette fin, produire de l'illusion, de la fantasmagorie, de l'idéologie ou de la propagande, pour donner à croire que c'est la volonté du dominé d'être dominé et non le fait de l'imposition de la force brutale. Celui qui domine ainsi vise à être reconnu comme le maître non seulement par ceux qu'il asservit et qu'il méprise pour avoir été vaincus, mais aussi par ceux qui sont ses égaux. La ruse relève alors du désir, elle est, à

---

1. Les avions de combat les plus sophistiqués utilisent précisément des leurres pour détourner de leur cible les missiles qui les attaquent.

cet égard, une forme du désir, du désir d'être reconnu par l'autre, du désir d'être l'objet du désir de l'autre. Dans cette relation de domination et de soumission, le paraître n'est rien d'autre qu'un prédicat de l'être présent dans le monde, rien d'autre que ce par quoi se manifeste le désir d'être identifié (reconnu et désiré) comme ce que l'apparence présentifie. Si le désir est l'affrontement et la lutte que décrivait Hegel, il est aussi l'instrument de la ruse et générateur de ruse. Il est le moyen rusé par lequel s'exerce une domination présentée comme désirée par le dominé, à l'inverse de ce que disait Levinas pour qui une telle relation signifie la coupure et l'exclusion de l'autre au lieu de l'accueil et de l'hospitalité qui sont le signe de l'humanité. On dit d'une ruse, lorsqu'elle s'est révélée telle, qu'elle a été démasquée ou dévoilée, termes qui désignent le retrait du masque et du déguisement, la levée du voile qui cachait le secret, ce qui revient à en révéler le visage, à démonter le stratagème et à en identifier l'auteur.

Cette effrayante machinerie ultra-mondaine, censée commander aux machines que sont les robots (Terminator et T3) afin d'éliminer l'humanité pour y substituer ses propres machines, est présente dans *Terminator 3* de manière allusive, sorte de dieu caché dont il est hors de question de comprendre les raisons, ni de rendre compte de ses comportements. Nous sommes ici dans l'ordre du non-visible, si ce n'est sous la forme d'une machine anthropomorphe puisque douée de pensée maléfique et porteuse d'intentions sataniques. Quel est cet ennemi si rusé, si caché, si obscur qui entend imposer sa volonté et dominer le monde ? Fantasme dont le discours n'est, ni aussi innocent ni aussi candide qu'il pourrait sembler s'il n'était si évident qu'il désigne l'ennemi des États-Unis comme l'ennemi de l'humanité. On rencontrera dans de nombreux films cette articulation qui oppose le héros au pouvoir des machines comme si la ruse ici se retournait contre ses initiateurs. La machine ruse à son tour. Ruse contre ruse : contre ceux qui rusent avec la nature en inventant toutes sortes d'instruments techniques, les machines qui en résulteraient détourneraient à leur seul avantage toute l'intelligence que les hommes avaient placée en elles. Ruse contre ruse : le film, est aussi lui-même machine, machine rusée destinée à faire voir (et à faire croire) ce qui n'est pas. Si ruse il y a de la part du film, elle tient de la rouerie puisque le film ne se montre pas comme ruse, il se présente comme machine dénonciatrice du mal, dissimulant ainsi sa propre dissimulation. N'y a-t-il pas dissimulation, de la part de la nation qui produit massivement ces machines, à tenir le discours selon lequel il faut se détourner des machines comme on se détourne du mal, les démasquer, faire voir leur vraie nature, se défier de la technique comme on se défie du malin car l'une comme l'autre exercent une séduction mortifère sur l'esprit des hommes. Discours d'essence puritaine mais aussi, ouvertement, géopolitique.

La ruse est certes l'opposée de la franchise et de la loyauté, vertus propres à l'homme juste qui ne fait que le bien et qui, donc, n'a pas besoin de se cacher ou de dissimuler son identité ou ses intentions. Cependant, il y a ici, dans ces films, comme une sorte d'excuse ou de justification morale : contre la ruse maligne il serait licite d'user de la ruse juste afin que l'humanité ne succombe pas à la voix tentatrice du mal. La rhétorique trace à sa façon le chemin du discours moralisateur.

L'Autre du nom...

Pourquoi l'Autre du nom ? Parce que le nom du héros, comme le pseudonyme, le sobriquet ou le surnom est une adresse à l'Autre, une manière de présentation de soi comme même et comme autre, comme Autre du nom.

Le nom est le propre du personnage. Il fonctionne comme signe de l'appartenance à telle classe de personnages ou à telle autre ; signifiant de l'identité, il trace les limites entre le « dedans » et le « dehors », entre le Même et l'Autre. Seul le nom change. Mais changer le nom c'est changer le personnage, c'est le faire devenir autre : Bruce Wayne n'est pas Batman et Superman n'est pas Clark Kent. Il n'y a de héros que dans l'exception. S'il n'était que Clark Kent il ne saurait être Superman ; il ne peut être Superman-le-héros qu'à la condition

Le corps de cinéma

de se désigner lui-même sous le nom de Superman. Abandonner l'homme ordinaire pour entrer dans la fable, est l'impérieuse nécessité devant laquelle le héros est placé. Il doit quitter la trivialité de ce monde pour accéder à cet autre univers, à ce monde réenchanté, où s'accomplissent ses exploits. Si, comme le dit Benveniste, le nom propre désigne « constamment et de manière unique un individu unique [1] », le nom du héros ne répond pas à cette définition puisqu'il désigne un individu à la fois unique et double.

Pour le héros, le nom aussi est une forme du déguisement. Batman, Superman ou Spiderman peuvent seuls revendiquer ce nom qu'ils se sont à eux-mêmes attribué. Seul ce type de héros peut se donner à lui-même le nom qui le qualifie plus qu'il ne le désigne. Cette auto-attribution du nom propre signifie le déni de l'appartenance du héros à une famille, à un groupe, voire à l'humanité. Il assigne au personnage une irrémédiable solitude. Dans l'ordre habituel des choses, le nom renvoie à une filiation, il est donné par l'autre, il est donc redevable à l'autre qui en a décidé ainsi et qui, ce faisant, a tracé le chemin que le patronyme, comme un destin, enjoint de suivre à celui qui le porte [2]. Le héros se désigne ainsi, partiellement, comme anhistorique, non-humain, d'une autre essence que la communauté des mortels. Il est venu d'ailleurs, ou constitué autrement que le commun des humains. Dans la généralité des cas, le nom n'est jamais innocent, il est, au contraire, chargé d'une histoire lourde, souvent secrète et néanmoins fortement présente, celle de tous ceux qui, dans les temps passés, en ont construit le sens. Nom de gloire ou nom d'infamie il est ce que je dois attester à mon tour et à ma place. Et pourtant, le nom n'est pas seulement ce que je dois à l'autre du nom, à ceux qui m'en ont transmis la charge, je dois aussi assumer l'unicité que le nom me confère. Le nom n'est-il pas le propre d'une personne comme d'un personnage, n'est-il pas ce qui le distingue de tout autre, n'est-il pas ce qui m'excepte de tous les

---

1. Émile Benveniste, *Problèmes de linguistique générale*, tome 2, p. 200.
2. On se souvient combien, à une période récente de notre histoire, porter un nom juif était être juif, même pour ceux qui, depuis plusieurs générations, l'avaient oublié ou avaient renoncé à leur judéité.

autres, me désigne comme unique, sans pareil au monde ? Sauf le nom du héros qui, lui, est sans histoire, sans passé, sans mémoire, sans souvenir. Et qui, donc, n'existe pas : il n'est qu'une empreinte, signe d'une absence. Exception et travestissement encore, mais autrement puisque le nom du héros fonctionne comme cache, comme ce qui interdit de voir le vide du nom. Déni du nom et du vêtement du père, qui n'est pas un refoulement au sens psychanalytique (rien ne fait retour d'un éventuel refoulé), mais plutôt interprétable en termes de « forclusion du Nom du Père » au sens où le Nom du Père n'est jamais présent. Béance au travers de laquelle le héros signifie qu'il est à lui-même son propre père, qu'il est comme Dieu, incréé.

Zorro signe son passage d'un Z, comme Tarzan annonce son arrivée salvatrice par le cri qui le caractérise et que comprennent aussi bien les singes, les éléphants, les petits hommes noirs, Jane ou les cupides aventuriers blancs. Signes du nom. Comme Zorro, chacun authentifie sa présence et son identité par la signature. La signature c'est l'identité revendiquée, l'identification mais aussi l'authentification du nom et de l'œuvre, la reconnaissance de l'acte tel qu'il a été accompli. Zorro comme Tarzan sont présents dans le film comme neufs, sans tache ; leur nom dit leur pureté absolue, comme celle de Superman ou de Batman, parce qu'ils n'ont pas été engendrés ; ils sont sans passé, sans histoire, sans péché. Le bien comme le mal signe ses œuvres, s'expose aux regards, est identifié, reconnu et désigné comme tel. Le héros doit, lui, se montrer resplendissant pour être manifestement identifié et reconnu comme ce qu'il est, héros incontestable, et ce qu'il n'est pas, ce que le nom exclut (Superman n'est que Superman, il n'est pas Clark Kent au moment où il est Superman). Le nom est l'indice de la présence vivante, la « métaphore du personnage [1] ». Prononcer le nom, Batman, Superman, Spiderman, Zorro ou Rambo, c'est en même temps énoncer tous les attributs qui lui sont conférés et dont on ne peut le séparer, ce à défaut de quoi on lui dénierait le titre de héros. Le nom

---

1. Lévi-Strauss, *Mythologiques* II, p. 294.

c'est l'essence du héros, il n'appartient qu'à lui, il n'est redevable à aucun autre, à aucune instance de quelque nature qu'elle soit. Mais le héros, lui, n'est qu'un nom.

Le mot, substitut de la chose, permet de la rendre présente en son absence, de même, le nom, substitut de la personne, la rend présente en son absence. Le nom comme métaphore fait donc office de substitution. La métaphore c'est ce qui prend la place d'autre chose qui ne peut, ou ne doit, être nommé ni montré autrement, il est une figure de substitution. En même temps, le nom c'est la personne ou le personnage, lequel réside tout entier dans le nom. C'est ainsi que certains noms font l'objet d'un interdit. Dans certaines familles, le nom des membres de la même famille qui étaient estimés en avoir sali l'honneur, étaient interdits, imprononçables. Prononcer le nom c'est rendre présent ce qui est absent, c'est signifier l'absence, mais c'est aussi faire exister l'autre dans le temps de son existence dans le discours. Il en est de même, notons-le, dans certains régimes politiques qui effacent systématiquement le nom de ceux qui ont été politiquement battus avant d'être éliminés physiquement. On peut penser que le même phénomène se produit lorsqu'un homme politique refuse de prononcer le nom de l'adversaire exécré et le désigne par des périphrases. La pratique est ancienne, on se souvient que le pharaon Toutankhamon a fait systématiquement supprimer, partout où il se trouvait, le nom de son prédécesseur Akhenaton (Aménophis IV) parce que celui-ci avait remplacé le dieu Amon par le dieu Aton (substitution là encore). Voler le nom de quelqu'un c'est prendre son identité, usurper sa fonction, se mettre à sa place et dans sa place comme le fait Vautrin lorsqu'il prend l'habit et la place du magistrat. Comme le héros se définit lui-même dans sa singularité et son unicité, par le nom qu'il se donne.

Le nom est un geste. Il excepte et exclut. Il expose celui qui le porte et qui se désigne ainsi comme étant ce qu'il est et n'étant pas ce qu'il n'est pas : le nom cache et dévoile à la fois. Dire son nom c'est s'exhiber, se jeter hors de soi, solliciter l'hospitalité de l'autre, s'offrir au désir de l'autre tout en se refusant, en manifestant son exception. L'autre du nom c'est aussi le nom de l'Autre.

3. Rhétorique

Une histoire éternelle : écarts et réitérations

Mort et résurrection du héros ? L'histoire est écrite depuis longtemps. Si, comme toute liturgie, elle est réglée une fois pour toutes, elle est néanmoins réécrite chaque fois à nouveau selon la même architecture narrative [1]. Mort et résurrection du récit, seuls les personnages changent, l'ordre et la forme des événements restent identiques. La lecture assidue de la Bible, la forte présence de la religion dans l'idéologie américaine ne se laissent jamais oublier. Quelle que soit la manière dont elle s'exprime, cette idéologie ne prend pas sa référence dans « l'Imitation de Jésus-Christ », ni dans la recommandation à imiter sa conduite et sa vie, mais dans la Genèse 9,6 (« Qui verse le sang de l'homme, par l'homme aura son sang versé »), non dans la douceur et l'onction des Évangiles, mais dans la

---

1. On en trouvera un exemple, certes mineur quant à la qualité de ce western – mais c'est dans les formalismes les moins élaborés que leur naïveté met en évidence les intentions –, dans *Valdez* (*Valdez is coming*, 1971), d'Edwin L. Sherin, où le héros Bob Valdez (Burt Lancaster), après avoir tenté une prédication de justice et d'humanité, est humilié par les hommes du potentat local (comme l'est Rambo par les policiers), puis attaché sur une croix et lâché dans le désert où il doit, littéralement, porter sa croix. Il reviendra ensuite après avoir revêtu son vieil uniforme de héros de l'US Cavalry, pour punir les méchants. On a donc comme une forme canonique de ce type de film où le héros doit subir et accepter l'humiliation et la déchéance de son corps avant de célébrer la gloire de son corps triomphant.

fureur et le déchaînement d'un peuple conduit au combat par son Dieu. Or cette histoire est écrite une fois pour toutes, elle ne peut pas changer, elle ne peut que faire l'objet de la dévotion des fidèles et de sa reproduction indéfiniment recommencée. Le récit, si fictionnel soit-il, doit porter la trace souterraine du récit originaire. Imitation et répétition : il est, de ce point de vue, intéressant de remarquer que les trois *Terminator* réécrivent la Bible à leur façon. Depuis le premier (*The Terminator*, James Cameron, 1984), qui nous fait assister à l'annonce de la naissance à venir d'un enfant qui devra devenir le héros de l'ultime combat de l'humanité contre les machines, jusqu'au troisième *Terminator 3*, qui se termine sur la fin du monde, l'extermination de l'humanité, l'apocalypse et le jugement dernier. Le récit semble suivre, en effet, exactement le récit biblique (Genèse, 18, 12-15) lorsqu'il décrit l'annonce faite à Sarah qu'elle allait être mère, alors qu'elle et son mari, Abraham, sont des vieillards. L'annonce, portée par Yahvé lui-même, accompagné de deux anges, fait rire Sarah, incrédule. De même dans *Terminator* c'est Kyle Reeves, qui annonce à Sarah, tout aussi incrédule, la naissance d'un fils, sauveur de l'humanité, dont il sera le père, lui, venu du futur, du monde post-nucléaire de 2029, pour engendrer ce fils, John, qui organisera la résistance mondiale à la domination des machines. Dans la Bible, comme dans *Terminator 2*, la naissance a bien lieu, la première Sarah sera la mère d'Isaac et la seconde celle de John. Dans *Terminator 3*, Kate est, elle aussi, incrédule lorsque Terminator lui annonce qu'elle sera l'épouse de John et qu'elle donnera naissance à des fils qui seront à leur tour les dirigeants de la résistance mondiale contre la domination des machines. On peut aussi penser que l'on a là, chaque fois, la réitération de la visite de l'ange Gabriel, venu annoncer à Marie la naissance prochaine d'un fils qu'elle devra appeler Jésus [1]. N'oublions pas qu'Isaac sera tout prêt d'être sacrifié par son père Abraham avant que Dieu n'arrête son bras, comme, dans *Terminator 3*, John est tout prêt d'être tué par Terminator avant

---

1. Cf. la réaction sceptique de Zacharie qui demande une preuve à l'Ange qui lui annonce la naissance de Jean, in Louis Marin, *Opacité de la peinture*, p. 128-129.

d'être sauvé par l'intervention de Kate. On rencontre une clôture tout aussi terrifiante dans l'Apocalypse de Jean que dans l'apocalypse nucléaire qui se produit à la fin de *Terminator 3* (on pourrait aussi remarquer que les deux survivants, John et Kate, ne sont pas au paradis mais en enfer, dans les profondeurs de la terre, dans un lieu désert et froid, désespérant, où ils ont été conduits malgré eux comme, après la mort, on est, quoiqu'on fasse, mené au tombeau).

Comme dans le rêve selon Freud, il y a, dans les trois *Terminator*, substitution du héros, les traits significatifs de l'un passant à l'autre. Prendre l'un pour l'autre c'est aussi ce que l'on trouve, entre autres, dans le Livre de Tobie où l'Ange se présente à Tobie sous le nom d'Azarias fils d'Ananias. C'est que le héros désigné comme tel dans le dialogue, John Connor, n'est pas le héros du film (son corps n'est l'objet d'aucun sacrifice), mais plutôt une sorte de victime expiatoire, un jouet des circonstances, acteur passif d'une histoire qu'il récuse en se défendant d'être un héros. Le monde n'est sauvé, même temporairement, ni grâce à la force du Terminator, ni par la vertu du jeune John qui, d'ailleurs, ainsi que le lui annonce Terminator devra mourir après qu'il aura engendré des fils avec sa compagne Kate, laquelle prendra sa place pour diriger la résistance (mais cela est anticipé dans *Terminator 3* qui s'achève banalement, et à leur grand dépit, par leur enfermement forcé dans le bunker pendant que, à l'extérieur, les machines ont déclenché l'apocalypse nucléaire). La seule victoire du héros de cette histoire, Terminator, est d'avoir sauvé John et Kate de la mort nucléaire en plaçant son corps sous la herse en train de descendre afin de l'arrêter et permettre à John et à Kate de se mettre à l'abri dans le bunker. John, héros prophétisé, est en fait un personnage de souffrance et de mort. Le héros est donc, comme son modèle évangélique, celui qui doit succomber, celui qui doit mettre son corps dans les plus extrêmes périls afin de faire obstacle aux forces du mal, il est celui qui vient annoncer ce qui va advenir et qui ainsi trahit ce qui aurait dû demeurer secret. Moderne Prométhée ou avatar du Christ, il doit payer de sa vie (vie mécanique et électronique comme vie charnelle) le fait d'apporter aux hommes une connaissance qui ne leur était pas destinée.

Rambo est, lui aussi, non seulement humilié, battu, moqué, il est en outre enterré vivant dans la mine désaffectée où il s'était réfugié avant de ressortir, après avoir traversé tous les obstacles mis à sa progression vers la lumière, comme Jésus, ressuscité, revient d'entre les morts [1]. De ce tombeau obscur peuplé de rats, envahi par les eaux, Rambo finit par voir poindre la lueur salvatrice, loin au-dessus de lui et il doit réunir ses dernières forces pour remonter jusqu'au jour afin de revenir à la vie. C'est dire, d'une manière claire, la mort et la résurrection du héros, comme l'ange, qui a « l'aspect de l'éclair et sa robe blanche comme neige » annonce aux femmes venues au sépulcre : « Ne craignez point, vous : je sais bien que vous cherchez Jésus, le Crucifié. Il n'est pas ici, car il est ressuscité comme il l'avait dit. Venez voir le lieu où il gisait, et vite allez dire à ses disciples : "Il est ressuscité d'entre les morts, et voilà qu'il vous précède en Galilée, c'est là que vous le verrez." Voilà je vous l'ai dit ». (Matthieu, 28, 5-9) [2]

Le corps du héros ne fonctionne pas, dans la représentation, comme un signe destiné à faire que ceux à qui il s'adresse, nous les spectateurs du film, nous nous engagions derrière lui, et comme lui, dans ce formidable combat contre les forces maléfiques. Le combat, ce combat hyperbolique, est au-dessus des forces du simple spectateur, de l'homme ordinaire du monde qui sait bien qu'il ne voit qu'une fiction, un héros imaginaire, une empreinte. Il faudrait à chacun, un corps qui n'est donné qu'aux élus et une force spirituelle que ne possèdent que ceux qui sont appelés ou désignés par le doigt de Dieu. Les Évangiles ne demandent pas aux disciples de Jésus de devenir Jésus à leur tour (il ne peut y voir qu'un seul Christ). La

---

1. *Rambo* (*First Blood*, Ted Kotcheff, 1983).
2. Voir aussi Louis Marin, *Opacité de la peinture*, p. 126-127 : « Or, comme nous le lisons dans les Variations des Synoptiques de l'Évangile de Jean, ce corps manque dans son lieu et, à sa place, les femmes reçoivent de l'Ange le message de ce manque ; l'énonciation de sa présence "réelle", mais ailleurs […] L'absence de l'objet du désir est comblée par la présence du message, d'un message qui affirme l'absence de l'objet […] »

Le corps de cinéma

prédication du film est une prédication biblique : ne souillez pas le corps que Dieu a créé, purifiez votre esprit et votre âme. Discours qui nous enjoint d'avoir à nous amender, à identifier et reconnaître la vérité qu'il annonce et à dénoncer les faux prophètes. Le corps du héros, comme signe, fonctionne lui-même comme une forme de commandement moral nous enjoignant d'avoir à nous soumettre à la parole céleste dont le héros est le porteur et le messager. Pour cela le corps du héros doit traverser les épreuves sans faiblir, mourir et revenir du royaume des morts pour assumer sa transsubstantiation d'un corps terrestre en un corps céleste (c'est, faut-il le rappeler, le cas de tous les super-héros, qu'ils se nomment Superman, Batman ou Spiderman voire Tarzan ; c'est aussi le cas de Terminator qui, lui, venant d'un futur indistinct, est hors du temps).

Cette opération se fait, au cinéma, selon une dramaturgie ritualisée : le héros doit être sur le point de succomber avant de revenir à la vie et, dans un ultime effort sur lui-même, emporter la victoire à la fois sur ses adversaires et sur la mort elle-même [1]. Victoire qui, le spectateur le sait bien, n'est jamais définitive mais toujours temporaire tant que les mystérieuses forces dites du mal existeront sur terre, même sous leur forme allégorique, tant que les hommes seront supposés être ce qu'ils sont, foncièrement bons mais succombant forcément aux charmes et aux séductions du mal, justifiant ainsi le retour annoncé du héros, c'est-à-dire sa résurrection et la répétition de ses exploits.

Le sens persiste sous la rhétorique de la fable, la résurrection est, certes, un mythe très ancien, traduit sous forme allégorique dans le film, cependant la récurrence de la référence biblique ou évangélique énonce fortement la place assignée à notre héros : il est bien le substitut de celui qui ne meurt jamais, de celui qui, porteur de la justice divine rappelle à tous qu'il est mort pour le salut des hommes tout en vivant éternellement sous la forme symbolique des signes qui sont attachés à manifester sa

---

1. Dramaturgie réglée que l'on trouve aussi dans le match de catch ; cf. Roland Barthes, « Le monde où l'on catche », in *Mythologies*, p. 13-24.

présence. Transferts de sens, condensation des effets, déplacement d'une symbolique à l'autre, le film fonctionne à la fois à la manière d'une hypallage et d'une métonymie.

Identification du corps du héros

Identifier c'est, d'abord, reconnaître, attribuer une qualité, mettre un nom. Posséder une identité c'est être un individu unique et irremplaçable, c'est être soi et pas un autre, et donc se distinguer de tout autre. Identifier le corps du héros c'est distinguer son corps de tous les autres corps possibles dans le film. Les traits apolliniens du corps du héros, celui qui porte la lumière du film, rendent cette identification immédiate puisqu'il est ainsi caractérisé par l'ordre, la mesure, la sérénité, la maîtrise de soi mais aussi, à l'inverse, par des traits que l'on pourrait dire dionysiaques, provoquant le désordre (Rambo), la démesure (Batman), la folie destructrice (Terminator). Donner un nom au héros c'est, en même temps, lui attribuer tout ce par quoi il est identifiable de même que, pour le fidèle, prononcer le nom de Jésus-Christ c'est lui conférer tout ce par quoi il le reconnaît comme rédempteur de l'humanité, fils unique de Dieu, porteur de la parole divine, énonciateur incontestable de la vérité suprême, et annonciateur de la fin des temps et de la vie éternelle.

Le corps du héros est un corps parlant mais jamais il ne dit ce qu'il est, il s'avance masqué, lui, pourtant si apparemment ouvert et si transparent dans le film [1]. Or son nom c'est aussi son masque, c'est son nom qui nous masque son identité : comment le nommer ? Comment le nommer alors que son identité est double, comme son personnage (je veux dire son substitut) et comme son action (je veux dire son leurre ou sa ruse). Nom double, non pas les deux noms, mais le double sens

---

1. On peut remarquer que le thème du masque est très présent dans la Bible, les anges (et Yahvé lui-même) prenant des noms d'emprunts et la forme humaine pour, comme les dieux de l'antiquité, venir se mêler aux hommes.

du nom ou les deux noms contraires ensemble comme un oxymore.

C'est son corps qui va parler sous le masque. Son corps et son action. C'est par ce qu'il fait que le héros s'accomplit, et par son action que nous pouvons l'identifier. L'action est la chair vive du héros, ce qu'il ne peut déplacer, mettre ailleurs, refermer, ce dont il ne peut dénier qu'elle lui appartient, ce qui le fait devenir ce qu'il est. Mais nous, spectateurs, savons que son action est double comme son identité et comme son personnage. Double signifie aussi doublure, doublement, double face, dualité. La doublure est celui qui vient à la place de, celui qui se substitue au personnage réel pour donner le change, pour tromper, pour créer l'illusion de la présence et ainsi combler le vide créé par l'absence. Du côté de l'identité, ne sommes-nous pas ici dans une sorte d'espace religieux dans la mesure où toute religion est bien contrainte d'avoir recours à ce « double » : l'image du dieu est le dieu, l'image du dieu figé dans une posture identifiable est le dieu vivant et agissant. Doublure et substitution ne sont donc pas l'apanage du film qui met en scène le super-héros, elles appartiennent à ce fonds très ancien où prend racine le sentiment religieux. Avec cette réserve que les héros tels que Batman, Superman, Spiderman, héros doubles, ne se contentent pas de nous offrir un double visage et un double sens, mais aussi, analogue au double nom, une sorte d'oxymore puisque le même personnage est (ou fait) une chose et son contraire.

Comment ce héros double peut-il être aussi ce héros apollinien, soleil resplendissant de vertu et de beauté, ce héros dont la pureté du corps signifie l'excellence de son âme ? Comment identifier le corps du héros si celui-ci se présente alternativement sous des formes différentes et même opposées : hardi et timide, courageux et lâche, téméraire et pusillanime ? Où est le corps véritable de Rambo, de Terminator ou de Batman ? Lequel de leurs deux corps se désigne-t-il sous le signe du héros attendu ? Est-ce Batman, cet être fulgurant se déplaçant dans les airs à l'appel lumineux de son nom ou le pâle Bruce Wayne dont nous savons, nous, spectateurs, qu'il n'est qu'un nom d'emprunt, un leurre ? Est-ce le corps fragile et affaibli du début de *First Blood* ou est-ce celui qui ressuscite, qui sort du tombeau pour nous apparaître dans toute la gloire du héros invincible, vengeur et destructeur, exhibant sa musculature (et ses armes qui sont comme le prolongement naturel de ses membres) ? Est-ce le corps tout d'artifice de Terminator ou est-ce ce personnage si semblable à un humain qu'il en devient trop humain lorsqu'il se met à se lamenter sur l'impossibilité de réaliser la double tâche qui lui était imposée de tuer John et de le protéger ? Et, même, est-ce John Connor apeuré et misérable du début du film ou le même John vaillant et déterminé de la fin ? Certes, le personnage – c'est aussi sa fonction de personnage – a le droit d'évoluer dans le temps du récit, sauf que le marquage du temps est absent dans le film (comme dans les autres films), le récit se produisant dans un temps suspendu comme une sorte de parcelle d'éternité.

Rhétorique de la suspension et de l'indécidable : double corps, double face, double langage, et donc double identité. Identifier le corps du héros dans ces films c'est identifier deux visages contraires en un seul et unique personnage (c'est entendre l'oxymore), c'est dire aussi que l'apparence seule ne vaut pas identité. Comme Jésus qui est dit homme et dieu, dieu tout en étant homme, qui est l'homme nommé Jésus en même temps qu'il est identifié par les fidèles comme dieu, comme Christ rédempteur, le héros doit avoir sa double identité : éphémère et vulnérable dans son corps d'homme ordinaire, et celle du super-héros, éternelle et inaltérable, dans son corps d'exception.

Ou alors le temps, rhétorique de l'éternité ? Le temps, ou plutôt son absence, comme révélateur du corps véritable du héros, à l'image du corps du Christ qui doit être identifié comme corps divin (hors du temps, corps éternel) lors de la résurrection (c'est bien la présence du corps vivant après la mort qui fournit la preuve de la divinité de ce corps supplicié), le héros, dans le film, n'est pas spontanément héros, il n'est tel qu'à l'issue (la durée du film) des actions qu'il doit mener et remporter sur tous ses adversaires (les ennemis de l'humanité), même si ce temps n'existe pas réellement comme le montre la constante répétition des mêmes actions, toujours identiques à elles-mêmes, figées pour l'éternité. Comme le récit évangélique qui nous fait parcourir l'histoire de Jésus devenant le Christ, qui doit vivre sa vie d'homme pour devenir dieu, alors qu'il n'a pas besoin du temps, ni du devenir, étant dieu par essence. Temporalité circulaire, signe d'éternité d'un corps indéfiniment renouvelé, étranger au vieillissement, à la décrépitude, à la vieillesse et à la mort pour nous dire que seul le corps merveilleux du héros peut nous sauver du désastre.

Nous sommes bien, cependant, dans l'ordre obligé, linéaire, du discours et donc du temps. Le récit doit suivre la logique qui lui est prescrite, mettre le spectateur dans l'attente jusqu'au climax et à la catharsis finale, jusqu'à l'apothéose du corps du héros.

L'identification du corps du héros obéit à ce qu'impose le dispositif particulier destiné à mettre le spectateur, captif, devant un écran de cinéma et à faire de lui un participant actif à l'existence du film comme histoire et comme diégèse en le plaçant, lui aussi, dans un temps suspendu pendant la durée du film. Spectateur qui sait ce qu'il va voir, qui s'y est préparé en entrant dans la salle et qui a payé pour entrer en possession de ce qu'il va voir et entendre, qui sait aussi que le temps va s'arrêter pour lui jusqu'à la fin du film puisqu'il ne vivra que dans le temps du film. Et où, dans l'obscurité de la salle, il suspend aussi sa propre identité. En quoi ce dispositif joue-t-il dans l'identification du corps du héros ? En ce qu'il est, d'une certaine manière, de l'ordre de la révélation. Comme pour le corps du Christ, l'identification du corps du héros est obvie.

Dissolution de l'intime

Le nom est un déictique, le surnom parfois une métaphore, parfois une synecdoque...

La rhétorique est l'instrument privilégié de la fable, elle prend constamment les chemins détournés, y compris pour le nom du héros, pour dire le sens tout en le cachant. De plus elle « aborde l'autre non pas de face mais de biais » elle est

« violence par excellence, c'est-à-dire injustice [1] ». Le biais de la rhétorique ? Nos héros s'y engagent par le détour du geste et le détournement de la parole. Mais alors rhétorique du geste ? Pour nos héros tout est dans l'accomplissement extatique de l'action. Exclusivité du geste et récusation de la parole signifient que le héros ne peut communiquer avec nul autre que lui-même. Le geste signifie cette exclusion de l'autre, il ne parle pas à l'autre, il ne demande aucune réponse, il ne requiert que d'être vu. Le héros ne peut pas s'adresser à l'autre, il ne peut que solliciter de l'autre qu'il observe, admire, soutienne le geste qu'il accomplit dans une sorte d'état de grâce parce qu'il est seul à détenir la vérité de son action et qu'il ne peut partager cette vérité avec personne. La présence de l'autre se signifie, au cinéma, par le hors-champ. Or, dans ces films, le hors-champ est absent, accentuant le solipsisme du héros et le solipsisme du discours. L'absence du hors-champ réduit le discours du film à ce qui se produit sur l'écran et exclut tout autre référence, laissant le héros à une solitude pathétique. Donnée traditionnelle de la fable ou du conte, la solitude du héros, dans ces films, se traduit par la destruction systématique de tout ce qui s'oppose à lui, par la ruine et le vide ainsi créés autour de lui. Terminator et Rambo en sont les figures exemplaires : ils font le vide autour d'eux et, dans cette rhétorique du vide et du désastre, ils occupent la place de l'énonciateur unique.

Dissolution de l'intime affichée par le privilège accordé au geste proclamant que le héros est tout extérieur, il n'a pas de part intime à partager avec l'autre, il est dans la transparence du geste et dans la transcendance de son action tout en préservant le secret sur ce qu'il est. Ne pouvant être que ce qu'il paraît, n'aspirant à être que conforme à son image, il ne peut dans le même temps protéger cette part de lui-même que l'on appellerait son intimité. L'intime c'est le plus profond de soi, ce que l'on ne révèle qu'avec réticence ou que l'on réserve à la confession auprès du prêtre chez les chrétiens ou à l'aveu chez le psychanalyste ou à la confidence à l'ami(e) le plus proche, au presque soi-même. Transparent dans le temps de son action, le

---

1. Emmanuel Levinas, *Totalité et infini*, p. 67.

héros cache tout par le travestissement de son apparence, par le masque qu'il porte, par le nom qu'il se donne, par l'exclusion du hors-champ qui le réduit à la série des gestes qui composent pour lui une figure sans profondeur.

Dissolution de l'intime qui s'accompagne de la disparition de la figure féminine dans *Rambo* et qui, dans *Terminator*, va de pair avec l'absence de domicile. Être dans l'intimité c'est être chez soi, dans sa maison, entouré de ses proches et de ses objets familiers. Dans chacun de ces deux films, comme dans beaucoup d'autres, tout espace domestique (signifiant de l'intime) est aboli. Alors que, à l'inverse, Tarzan habite tout l'espace ou, plus précisément, il habite la hauteur, l'empyrée, de telle sorte que, chaque fois qu'il doit intervenir pour rétablir l'ordre dans les affaires des hommes, il descend littéralement du ciel. Jane, figure féminine, reconstituera pour lui, mais toujours dans la hauteur, une habitation, un domicile conforme à l'image traditionnelle de la maison américaine. Ni Rambo ni Terminator n'habitent nulle part, ils n'ont aucun refuge possible où recueillir leur intimité, ils sont *dehors*, être dehors est leur état, fait partie de leur essence, ils n'ont pas d'« intérieur » aussi bien au sens du domicile que « vie intérieure ». Ils sont prisonniers du cadre de l'écran du fait de l'absence du hors-champ, ils ne peuvent s'en échapper, ils n'ont aucun ailleurs où aller. Alors que Jane restitue un *intérieur* à Tarzan, Batman, Superman et Spiderman n'habitent dans aucun espace défini tant qu'ils sont Batman, Superman et Spiderman. Leur domicile n'en est pas un si l'on entend la *domus* dans domicile, c'est simplement un lieu d'une admirable froideur comme s'il n'était pas un intérieur mais simplement le signifiant : « domicile » du personnage (Bruce Wayne, Clark Kent et Peter Parker) qu'ils se sont donné dans le privé.

L'intime se dissout et disparaît dans l'action. Le film est tout entier voué à magnifier les exploits du héros, tout en surface, il exclut du même coup toute exploration de la profondeur intime des personnages.

L'interne et l'externe

Faisons, « en creux », l'analyse inverse. Dans *Halloween* il n'y a pas de héros. On y trouvera une opposition très tranchée entre l'angoisse latente et la quiétude du décor, entre l'interne et l'externe. L'angoisse est intérieure, portée par les inquiétudes du personnage féminin principal (l'héroïne) qui, vigilant, se sait épié. À l'inverse, le décor représente l'idéal de la sérénité du quartier résidentiel américain. Avec ses larges avenues bordées d'arbres, ses demeures vastes et cossues, le gazon qui précède l'entrée dans la maison, il est censé symboliser le rêve de bonheur de tout Américain moyen. Opposition également entre la frivolité du comportement des jeunes filles – il n'y a pratiquement pas de garçon dans le film – et cette menace qui les guette et dont elles n'ont pas conscience. La métaphore fonctionne ici aussi sur le mode le plus simple, à la manière des contes de fées. La jeune fille méritante, sérieuse et affairée, *baby sitter* qui, non seulement, veille, surveille, prend des précautions, est attentive à la menace, mais sait aussi résister au criminel, ne pas céder au mal et parvient, en belle héroïne américaine modeste et résolue, à se sauver et à faire que le monstre périsse. Alors que la jeune fille frivole qui ne pense qu'à se donner du plaisir, à profiter de l'absence des parents pour se jeter follement dans une relation sexuelle débridée avec son ami, tout en se moquant des alarmes de l'autre jeune fille, est source de désordre, parce qu'elle se laisse aller à ses bas instincts sans prendre garde au mal qui la guette. Partage sans nuance. Elle sera tuée sans pitié dans le lieu où elle a péché, comme son compagnon, dans le lit où ils s'ébattaient si joyeusement, insoucieux des périls. La leçon simple rapportée par le film est que l'homme n'a pas été créé pour qu'il passe son existence à rechercher le plaisir mais pour souffrir et racheter sa faute. Le film dit sans ambages que la pure Amérique, comme la pure jeune fille, doit se montrer vigilante pour ne pas succomber sous les attaques de ses ennemis et les agressions des forces du mal. Contrairement à ce qui se passe dans *Rambo* ou *Terminator*, le mal est ici à la fois interne, intériorisé, masqué par l'apparence du plaisir et externe, venant de loin, d'un ailleurs inquiétant et funeste.

Effraction, souillure et viol de l'interne par l'externe : l'assassin de *Halloween* pénètre de force, par effraction, dans les maisons bourgeoises, il souille ainsi une intimité qui aurait dû rester intacte, inviolée. Tache, souillure, flétrissure, profanation, marques indélébiles de la présence du mal. Le film énonce sans faiblir le partage du bien et du mal. Garder la maison américaine à l'abri de tout avilissement comme de toute contamination, telle est la tâche assignée au héros. La maison est l'élément féminin, elle représente l'intériorité, la chaleur maternelle, elle est le lieu où la maîtrise appartient à la femme et où l'enfant se sent en sécurité et, à ce titre, elle doit être protégée de toute atteinte.

À l'inverse, le dehors c'est l'insécurité, c'est du dehors que le mal pénètre l'intime. La mise en scène utilise le procédé classique de la caméra subjective qui, du dehors, surveille les maisons, les allées et venues des uns et des autres. Figure du mal à l'affût qui guette ses proies, prêt à sortir de l'ombre où il se tapit... Le mal se cache, reste dans l'obscurité, d'où ces plans filmés de nuit, associés à cet autre procédé tout aussi classique consistant à ne pas montrer le criminel en le cadrant de dos ou tronqué. L'essentiel de l'action étant situé en pleine nuit, le film joue en outre sur l'opposition obscurité/lumière : l'ombre qui cache l'assassin (froideur et mystère), opposée à la lumière qui vient des maisons (chaleur et réalité concrète). Combat de Satan contre l'ange de lumière, le mal sort de l'ombre qui le cachait pour affronter la lumière de la civilisation américaine, afin de l'anéantir et étendre sa domination sur le monde. On a donc une double opposition intérieur/extérieur. L'extérieur peut être aussi bien le lieu prisonnier de la menace qu'un espace de liberté ou de libération (ou d'émancipation) ; l'intérieur, aussi bien lieu de sûreté que source des dangers extrêmes parce qu'on ne peut s'en échapper. D'où l'angoisse suscitée par le fait que la jeune fille courageuse ne trouve aucun refuge, ni à l'intérieur ni à l'extérieur, ni en elle-même ni au dehors. Il n'y a aucun recours, aucun secours à espérer autre qu'en soi-même : le héros doit toujours affronter seul le danger.

Le film va alors jouer sur les oppositions intérieur/extérieur, féminin/masculin, le même/l'autre, obscurité/lumière. Pénétrer de force dans la maison américaine est un viol, empêcher cette intrusion est l'acte du héros [1]. Certes, la maison, la demeure est prise aussi dans un sens métaphorique, elle est fondation et origine, elle est le lieu d'où je viens. Elle représente donc le plus intime, le plus ancien, le lieu de naissance. Pénétrer par effraction, violer la demeure fait que l'intérieur, la maison lieu féminin, intime, protecteur devient, au contraire, lieu du danger, de la menace, du crime, de l'horreur alors que l'extérieur, habituellement espace du risque et de l'aventure devient, par opposition, rassurant. Dans *Halloween* c'est de l'extérieur que viendra à la fois le danger et le salut. C'est à l'extérieur que les protagonistes vont demander un secours qu'ils ne trouveront pas parce que c'est à l'intérieur d'eux-mêmes qu'ils doivent le chercher. Il y a donc association entre les jeunes femmes et l'intérieur de la maison. Alors que la menace est représentée par cet homme opaque, revenu des limbes, vêtu d'une combinaison noire, le visage couvert d'un masque qui, lorsqu'il est ôté laisse voir un autre masque. Double défiguration : le mal a de multiples visages... La connaissance du mal, la vigilance, est représentée par ce policier courageux, tenace, lucide mais en même temps, contradictoirement, alarmé, timide et pusillanime. L'origine du mal, puisqu'il y a toujours un lieu fondateur, est située dans la maison abandonnée, théâtre d'un premier crime, d'un forfait ancien qui, comme le péché originel, résiste à l'oubli. Il y a, comme un secret de famille, cette maison, ce lieu du crime originel, ignoré de tous, laissé en l'état, à l'écart mais présent comme la marque ineffaçable du péché, comme son empreinte indélébile. Abandonner la maison c'est la livrer au mal – forme allusive du patriotisme obligé des Américains –, mais cette maison sombre et obscure représente tout ce qui est ennemi des États-Unis. Mémorial érigé, sombre, menaçant, figure d'un péché irrémissible, de ce qui est sans visage et sans nom, de ce dont on ne peut se défaire, de ce qui doit être

---

1. On sait, depuis le 11-Septembre, combien les américains ont été traumatisés par l'attaque contre le World Trade Center, perçue comme l'outrage suprême, le viol de la maison américaine

assumé dans la souffrance accompagnant le sentiment de culpabilité. Selon le discours du film, le mal n'oublie pas les hommes ; le mal ne s'oublie pas, il souille indéfiniment l'esprit de l'humanité, il nécessite un combat permanent, d'où la redondance des effets rhétoriques pour peser sur cette seule idée.

Dans *Halloween*, le mal dont souffre l'humanité est ancien, il est ce crime contre l'esprit des origines, crime dont le retour est toujours possible. La richesse, le confort, le bonheur quotidien non seulement ne mettent pas à l'abri du danger mais, au contraire, amollissent l'énergie et assoupissent la vigilance nécessaires dans le combat contre le mal ; non seulement cette lumière vive de la civilisation américaine attire le mal comme la lumière attire les insectes nocturnes mais rend, à l'inverse, l'humanité aveugle et sourde à ce qui pourtant la menace de manière si évidente. Le mal est là, dans la maison, proche, intime, interne, à la fois présent et absent comme le représentant du mal qui, toujours dans *Halloween*, apparaît et disparaît à la vue. Rhétorique de l'invisible et de l'absence : le mal est une empreinte invisible, on ne peut que la sentir, la ressentir, l'éprouver dans sa chair et dans son esprit. On ne peut voir le mal que si on sait qu'il est là. Rhétorique visuelle : ces films ont, entre autres fonctions, la prétention de nous montrer, afin que nous les voyions de nos yeux, les différentes figures du mal. Si, dans *Halloween*, le mal reste non identifié, si ce n'est par le nom sur une pierre tombale, dans *L'Associé du diable* (*Devil's Advocate*, Taylor Hackford, 1997), réalisé vingt-cinq ans plus tard, il est appelé par son nom : Satan en personne, à l'apparence tout à fait ordinaire de l'Américain moyen. L'histoire est passée par là, les Américains ont fini par identifier et nommer le mal qui corrompt l'humanité. Dans *L'Associé du diable* on trouvera les mêmes oppositions mais distribuées autrement. L'opposition s'opère entre ville (lieu du vice et du mal) et campagne (espace naturel et bienveillant), mais aussi sur la fascination, la séduction (la mère du personnage principal avoue à son fils que son père est Satan avec qui elle a « fauté » dans sa jeunesse) et l'horreur du péché majeur. Mais le nom, Satan, appelle métaphoriquement d'autres noms, il n'est qu'un substitut pour désigner tous ceux qui contestent l'hégémonie américaine, tous les non-américains.

Métaphysique du pire, même les lieux les plus bucoliques, apparemment pacifiques, sont sous la menace, l'homme n'a plus de paix, il ne peut même pas rechercher une paix introuvable. Le film tient ainsi un discours sur l'oubli des valeurs fondatrices de la nation, tout en disant que l'ambition de diriger le monde, la soif de pouvoir, l'appétit de puissance et de richesse sont les chemins les plus sûrs de la perdition. Contradiction ? Certes. Mais n'est-ce pas ce double discours, cette rhétorique à deux faces qui renvoie au monde l'image d'une nation qui sait lutter contre ses propres maux et contre les malheurs qui pèsent sur l'humanité ? Comment résoudre la contradiction interne à la puissance américaine invoquée puisqu'elle est la perte des hommes et la condition de l'éminence à laquelle prétend la nation américaine ?

Rhétorique déictique du vêtement

Se vêtir c'est se prêter aux apparences, se donner à voir, faire entendre à l'autre quelque chose qui concerne ce que je suis (mon identité) ou ce que je prétends être (le leurre de ce que je suis). Les deux Terminator se donnent l'apparence d'humains alors qu'ils ne sont que des machines, le vêtement ne cache pas leur corps – ils n'en ont pas –, l'habit n'est que le signe d'un leurre. Le vêtement s'articule sur une série d'oppositions radicales : montrer-cacher, couvert-découvert, être-paraître, vêtu-dévêtu, fermé-ouvert, voilé-dévoilé qui renvoient métaphoriquement à d'autres oppositions : pudeur-impudeur, décence-indécence, nudité-habillement, enfermement-libération, moral-immoral (amoral), vertu-vice (obscénité). Dans cette forme si particulière de synecdoque, porter l'habit c'est bien être et paraître ce que l'on est. N'est-ce pas, en partie, ce que dit Rossellini (par ailleurs si attentif aux significations et aux effets du vêtement) dans *Le Général della Rovere*, où Bertone, malfrat et collaborateur de l'occupant, en

Le corps de cinéma

revêtant l'habit du général résistant, devient résistant jusqu'au sacrifice suprême [1] ? Que seraient Batman, Superman, Spiderman ou Zorro, sans le vêtement qui leur confère leur identité, c'est-à-dire qui les identifie, les distingue de tout autre, les fait être ce qu'ils sont dans la réalité et la vérité fictionnelles : des super-héros ? On le verrait encore dans la plupart des westerns dans lesquels le vêtement dit de manière évidente ce qu'est le personnage. Ou ce qu'il devient comme, par exemple, dans *Valdez* (*Valdez is coming*, Edwin Sherin, 1971) dans lequel, pour redevenir un héros vengeur et tueur, Valdez abandonne ses vêtements de modeste officier de police auxiliaire, pour revêtir son vieil uniforme de héros de la guerre contre les Apaches. Lorsque les militaires disent, qu'un soldat doit « se montrer digne de l'uniforme qu'il porte », ils disent aussi qu'il va devoir être ce qui est signifié par le vêtement.

Examinant le statut du vêtement au Moyen Âge, Jacques Le Goff et Nicolas Truong constatent qu'il occupe une place singulière « entre Ève, la tentatrice et Marie, la rédemptrice », de telle sorte que, « entre armure et parure » le vêtement participe éminemment à la mise en scène du corps, à faire du corps un porteur de signes [2]. Au cinéma, comme au théâtre et, d'une manière générale, dans tous les arts de la représentation, il ne peut avoir qu'une fonction de parure (il manifeste le paraître) ou de signe. Analogue, sur ce plan, au signe linguistique, il est constamment signe d'autre chose que lui-même et il doit être compris alors comme abstrait ou comme arbitraire. Il désigne en effet, par convention, le rang social, le pays, l'époque, le temps qu'il fait, etc., mais ne se désigne jamais lui-même comme ayant autre valeur que valeur de signe.

Dans *Système de la Mode*, Roland Barthes ancre sa réflexion non pas sur le vêtement *réel* mais sur le vêtement *décrit*. Analysant le matériau sur lequel il s'appuie, il dit disposer de

---

1. Le thème du film de Rossellini n'est pas cette transfiguration mais la rédemption, comme dans *Stromboli* (*Stromboli, Terra di Dio*, 1949) ou *Europe 51* (*Europa 51*, 1950). Notons au passage que cette rédemption se fait, chaque fois, au prix d'un sacrifice.
2. Jacques Le Goff et Nicolas Truong, *Une Histoire du corps au Moyen Âge*, p. 163-164.

deux vêtements différents : la photographie du vêtement et le discours qui s'y rapporte qui, l'une et l'autre, concernent le même objet : le vêtement réel. Cependant, s'ils se rapportent l'une et l'autre au vêtement réel (qui est forcément absent pour justifier sa description), ils utilisent des moyens différents pour faire voir ce qui n'est pas présent : la photographie articule ses éléments dans un espace défini, alors que le temps est nécessaire pour parcourir successivement tous les éléments du discours. Le vêtement réel constituant, quant à lui, une troisième structure, dont la réalité n'est cependant épuisée ni par la photographie, ni par le discours, ni par le regard, « on n'en voit jamais qu'une partie, un usage personnel et circonstancié, un port particulier [1] ». Mais le vêtement, quelle que soit la forme où il se présente (description, photographie « port particulier ») a toujours valeur de signe.

Au cinéma, le vêtement-image (pour reprendre le vocabulaire de Barthes) ne renvoie à aucun vêtement réel, il ne peut fonctionner que comme signe ou comme allégation. En outre, ce n'est pas seulement le vêtement qui fonctionne comme signe, c'est aussi le rapport vêtu-dévêtu ou plutôt le rapport se vêtir-se dévêtir. Changer c'est se changer, changer de vêtement c'est se vouloir autre, dans l'apparence ou dans le paraître. Vêtir ou dévêtir Rambo ? Rambo est d'abord vêtu, son vêtement le signale, l'authentifie comme ce qu'il est. Arrêté il est dévêtu par les policiers, mis à nu, donc humilié, dépouillé de ce qu'il avait et de ce qu'il était. Nu il n'est plus rien, mais dévoilé il dévoile ce qu'il est : un héros martyrisé, un héros qui a déjà subi le martyre dont son corps porte la trace ineffaçable. Il est héros à tout jamais. Renié dans son être de héros, il se réfugie dans les bois, redevient animal, se confectionne d'abord un vêtement rudimentaire, rustique, primitif, puis se transforme en adoptant la vêture ou la parure de l'environnement : il se couvre de mousse, de lichens, de branches, s'enfonce dans la terre. Revenu dans la ville, il adopte la parure du guerrier prêt à tout, prêt à mourir plutôt que de céder, plutôt que de se conformer à la norme civile. Il est alors bardé (autres

---

1. Roland Barthes, *Mythologies.*, p. 15.

vêtements) d'armes monstrueuses, de bandes de cartouches, d'explosifs, signes indubitables de ce qu'il est. Chacun de ces travestissements renvoyant à une représentation différente de l'état du récit au même moment. Le vêtement est donc utilisé comme élément de rhétorique visuelle et narrative mais aussi comme symbole et métaphore.

De même Terminator et son analogue féminin, Terminatrix, arrivent sur terre complètement nus [1] avant de s'emparer, l'un comme l'autre, de vêtements de cuir qui couvrent d'une autre peau (de bête) la (fausse) peau dont leur organisme artificiel est recouvert, masquant ainsi leur machinerie par cet « habillage ». Double vêtement qui, en quelque sorte, fonctionne comme apparence et transparence, comme symbole et métaphore, c'est-à-dire comme signe de ce qu'il n'est pas. Comme tout vêtement, le cuir est signifiant comme l'est aussi la couleur qui lui est attribuée. Au cinéma, vêtir de cuir le héros n'est pas innocent et renvoie à un code bien établi et généralement respecté. Le cuir renvoie à l'idée de violence sauvage. On peut sans doute faire remonter cette codification moderne à *L'Équipée sauvage* (*The Wild One*, Laslo Benedek, 1953) avant que cette codification ne se poursuive dans la représentation des bandes violentes de motards et de routards.

Simulacre et leurre, donc signe de simulacre et de leurre, le vêtement serait, au cinéma, comme la parole, l'instrument du détournement de l'attention. Magie du leurre comme le prestidigitateur agite sa manche droite pour que nous ne regardions pas sa manche gauche, ou que nous observions le chapeau pendant que la main se glisse sous le manteau. L'action de leurrer vise toujours une victime du leurre, trompée par le simulacre et abusée par la duperie. Si dans le film le vêtement fonctionne comme un déictique c'est pour immerger le spectateur dans la fable. Pendant que nous nous interrogeons – qui est qui de Kal-El, de Clark Kent ou de Superman –, le discours du film poursuit sa route. Leurre d'une absence, le

---

1. Il est certes difficile de parler de nudité pour une machine, sinon par métaphore, la nudité ne peut se rapporter qu'à l'humain même si les constructeurs parlent d'« habillage » d'une machine pour désigner, précisément, ce qui cache la machinerie. Donc habillage comme leurre ?

vêtement, fonctionnant comme signe, désigne toujours, par-delà l'apparence, une signification qui, sans cela, pourrait nous faire défaut (par exemple, le vêtement est le signe de l'ascension de Tony Carmonte dans *Scarface* [1]). Car le film concerne le spectateur et le leurre ne fonctionne qu'à l'intérieur de la narration, pour les actants du récit. Nous, spectateurs, savons bien que le Rambo placide et réservé que nous voyons au début du film est le même que celui dont nous attendons qu'il se mette à sa place et entre en action et qu'il nous signifie sa fureur par son accoutrement ; nous savons par avance que Clark Kent est ce journaliste timide pendant le temps qu'il porte le vêtement du journaliste, mais que, dès qu'il aura l'occasion de changer de vêtement, il sera ce qu'il doit être, Superman.

Il en serait du vêtement comme de la parole : l'un et l'autre sont représentation et présentation de soi, ils peuvent être porteurs de vérité ou de fausseté, comme ils peuvent être aussi l'un et l'autre comme ces mots à double sens qui peuvent signifier aussi bien une idée que son contraire [2].

Dans la fable, le méchant, le diable... peut pervertir les âmes innocentes aussi bien par l'effroi suscité par ses paroles abominables que par son discours enjôleur, aussi bien par son image terrifiante que par son apparence séductrice à laquelle contribue toujours son vêtement particulier. Croyance et confiance : même Dracula sait que son charme n'opère que s'il porte le vêtement qui l'identifie comme l'être des ténèbres ; il séduit ses victimes par le mystère dont son vêtement est le signe incontestable.

Le vêtement parle. Au cinéma, le vêtement agence son discours particulier et différentiel : il procède par écart significatif, proximité, analogie ou comparaison. La représentation cinématographique du vêtement obéit à un système de signes qui suppose, de la part du spectateur, la capacité spontanée à en décrypter le sens. Dans *Batman*, *Superman*, ou *Spiderman* et même dans *Rambo* ou *Terminator*, on ne demande pas au spectateur de faire preuve d'une

---

1. Howard Hawks, 1932.
2. Cf. S. Freud, « Des sens opposés dans les mots primitifs », in *Essais de psychanalyse appliquée*, p. 59 sq.

expertise très poussée dans la rhétorique du vêtement tant le système des oppositions y est massif et sans ambiguïté : l'ensemble Rambo-Teasles-Trautman-policiers doit être analysé, sur le plan du vêtement, comme un système de signes dont chaque élément fonctionne par opposition aux signes de même rang. Ces films appartenant à des séries, le spectateur est constamment appelé à rapporter le discours visible du vêtement aux discours identiques qu'il a pu suivre dans les autres films des mêmes séries. De ce point de vue, chaque film ne fonctionne pas seulement comme un palimpseste, il multiplie aussi redondances et accumulations, en se fondant sur le système des différences supposé avoir été acquis par le spectateur dans les films précédents,

Le vêtement caractérise chacun des personnages, il l'identifie, lui donne son identité au point d'en être, parfois, sur-signifiant. L'ensemble du discours fonctionne ici comme un déictique. Si dans certaines périodes de notre histoire, porter le vêtement de l'autre sexe était sévèrement puni, c'est bien parce que le vêtement est à la fois un signe et un leurre et que, durant ces périodes, il devait être signe, et non leurre.

Misère du corps

La souffrance subie doit être visible sur le corps du héros : traces, marques, cicatrices indiquent, à défaut de sang, la misère de la chair (la chair c'est la chute). John Rambo, n'est qu'un corps, rien de plus ; spectre du héros il ne revendique que d'être ce corps sur l'écran. Le visage lisse, inexpressif de Sylvester Stallone se prête admirablement à cette figuration du corps-machinique ou du corps-animal. Rambo est ce corps qui revient à l'état primitif de l'homme qui ne s'est pas détaché de la nature, qui fait corps avec elle. On pourrait penser à Tarzan et à la pureté originelle du monde si Rambo manifestait la même innocence alors que, contrairement à Tarzan, qui vit dans un monde jeune et neuf, notre héros habite un monde vieux, sale, perverti, perdu. Rambo, comme tout héros, éprouve douloureusement la perte de la pureté originelle, de l'homme avant la chair (avant la femme). Le monde de Rambo est un monde où l'autre n'existe pas (pas de femme), où l'autre qui existe à mon côté, le camarade de combat, est un même corps blessé, meurtri, martyrisé qui fait partie de mon corps, qui est mon propre corps. Lorsqu'il raconte la mort de son compagnon d'armes, Rambo se souvient que l'explosion était telle que son propre corps était recouvert des lambeaux du corps de son camarade. Corps pour corps lorsque l'autre est le même. Il n'y a pas d'autre, aucun autre identifiable. Seul compte le corps de l'autre dans la mesure où il est mon propre corps. Identité ne signifie pas, ici, identification, dénomination, distinction des uns par rapport aux autres, il signifie, au contraire, corps identique, inidentifiable comme ces corps déchiquetés par l'explosion, impossibles à reconstituer, tas de chairs misérables, dispersées, recueillies par l'autre corps, celui de Rambo, le seul qui reste, le seul à avoir conservé sa misérable existence.

La récusation de l'autre, de tout autre ne prend pas effet, dans le film, sur le fait de la guerre ou de la paix, de la peur ou du courage, ni dans le fait d'accepter ou de refuser que le corps souffre, il y a ici, au contraire, une fermeture absolue du corps sur lui-même qui renvoie à l'idée qu'il n'y a de solidarité entre les hommes que dans le corps commun qui affronte l'autre corps commun : corps commun souffrant de Rambo et de ses camarades contre le corps commun des ennemis vietnamiens, corps commun souffrant de Rambo et du colonel Trautman contre le corps commun du shérif et de ses hommes. Exaltation de la souffrance comme ce qui n'est accordé par Dieu qu'à ceux qui lui sacrifient leur chair et leur sang. Ce dont on trouve l'exemple dans le second *Rambo* où les prisonniers américains souffrent longuement sous la torture alors que leurs tortionnaires meurent brutalement et sans douleur.

Sous l'apologie apparente du corps se dissimule un tel mépris de la chair, une telle récusation violente de toute hospitalité, de tout accueil de l'autre, de tout dialogue, de toute rationalité, de tout ce qui retarde l'action que l'on est tenté d'y voir, sous un incessant état de violence partagée, la description d'une humanité en perdition. Selon cette conception, la vie est un combat permanent auquel chacun doit se préparer, muscler son corps, apprêter ses armes, se tenir prêt au conflit. Et s'il n'est pas question d'apocalypse dans ce film c'est que, comme le désastre, l'apocalypse est déjà là, elle a déjà eu lieu sous nos yeux, même si nous refusons de la voir. Au désastre, l'apocalypse ajoute le jugement dernier, lequel accompagne le thème constant de cette catégorie de films : l'injonction, l'exhortation à combattre non seulement l'ennemi extérieur, l'Autre mais surtout l'autre intérieur, le mal insinué en chacun de nous qui, on nous le prédit, va peser lourd lorsque nous aurons à rendre nos comptes devant le justicier divin et que nous ne pourrons pas attester de notre participation à la lutte par les meurtrissures absentes de notre corps. Il n'y a pas d'échappatoire, tout est d'ores et déjà advenu. Comme dans la tragédie grecque nous ne pouvons pas subvertir le destin. Mais, en même temps, le film nous présente une telle misère du corps, un tel mépris de la chair, tout juste bonne à recevoir des coups, à être battue, tranchée, arrachée, hachée que l'acte sacrificiel qui y met fin apparaît comme un bienfait, un soulagement et un apaisement, presque une catharsis.

Lors de la chasse à l'homme, on a donc une sorte d'abolition de la distance du corps de Rambo aux choses de la nature, il redevient élément naturel dans l'élément naturel. Le discours pleurnichard qu'il tient sur la guerre qu'il a menée au Vietnam et la mort de ses camarades est destiné à l'identifier comme homme des premiers temps, comme homme naïf qui ne connaît que les sentiments les plus simples, les plus élémentaires, les plus purs. La naïveté c'est la nativité, l'innocence première, l'ignorance de ce qu'est le mal. Dans *Totalité et Infini*, Emmanuel Levinas rappelle cette nécessité de la distance, de la mise à distance. Ce qui fait ici précisément défaut c'est le hors-champ (la distance), c'est-à-dire le désir. Le film demeure dans l'absolu du corps meurtri, il n'institue aucune distance (aucun hors-champ), donc aucun temps qui aurait permis de dépasser l'immédiateté, qui aurait pu aller au delà de la satisfaction spontanée des besoins, pour accéder à quelque chose comme le Désir. Mais cela suppose reconnaître, admettre, accepter et accueillir l'Autre, laisser venir le hors-champ. « Tout, dit

Levinas, n'est donc pas d'ores et déjà accompli, d'ores et déjà fait, pour un corps qui travaille – et c'est ainsi qu'être corps, c'est avoir du temps au milieu des faits, être *moi* tout en vivant dans l'*autre* [1]. » Alors que, ici, le corps ignore le temps, il est avili et blasphémé. Tout film est un miroir où se lit notre destinée, tout film n'existe que par notre présence, tout film nous parle, alors celui-ci nous dit d'abandonner le corps en déshérence à sa misère. Vilipendé, dénoncé comme fauteur de troubles, renié comme semblable, emprisonné, battu, blessé, martyrisé et enfin condamné, le corps de Rambo est prêt à tous les sacrifices, formé et façonné pour être offert en holocauste (ce sera d'ailleurs le thème explicite du second épisode de la série : *Rambo II : La Mission*), corps crucifié où ne se lit que la déchéance et la mort.

Le film plonge dans une désespérance obstinée qui va jusqu'au bout de la ruine des corps sans que jamais rien d'autre n'apparaisse que la fatalité de ces combats sans fin.

De combien de deuils ? « Memento mori »

Tout corps est promis à la mort mais sur le mode du « pas encore [2] », dit Levinas. La guerre que nous présentent ces héros met brutalement fin à l'existence de l'autre, elle supprime le « pas encore », elle annonce l'imminence de la mort et de la désolation.

Le héros est prêt à mourir pour nous, mais il ne meurt jamais, il est l'autre absolu, le radicalement autre. Nous savons que personne ne prendra notre place au moment de la mort qui nous attend. Le héros est là pour nous rappeler l'imminence de la mort, il nous adresse le funeste *memento mori* pour nous dire, non que notre temps est compté, cela nous le savons depuis toujours, mais que le temps de notre existence est désormais

---

1. Emmanuel Levinas, *Totalité et infini*, p. 121.
2. Emmanuel Levinas, *op. cit.*, p. 247. On trouve déjà le « pas encore » concernant la mort chez Heidegger, *Être et Temps*, 2ᵉ section, § 48, et E. Levinas, *En découvrant l'existence avec Husserl et Heidegger*, p. 122 sq.

aboli, nous n'avons plus le temps de vivre, il faut se préparer à mourir. Comme le rappelait Heidegger, je ne peux pas mourir pour un autre, mourir-pour n'a de sens que métaphorique. Ce qui nous embarrasse dans ces films c'est la négation (la mort) sans partage qu'ils nous offrent en spectacle dans une guerre généralisée qui ne propose aucune possibilité à l'existence de l'autre. Nous voyons bien que ces héros n'ont pas pour mission de garantir le « pas encore » mais, au contraire, de l'expulser de notre pensée. L'imminence s'oppose constamment dans l'action du héros à ce que Levinas appelle « l'ajournement ». Il n'est plus question, dans ces films, de vivre sereinement le temps de notre existence mais de nous préparer à la mort brutale et violente. « Dans la guerre on porte la mort à ce qui s'en éloigne, à ce qui *pour le moment* existe complètement. Dans la guerre se reconnaît ainsi la réalité du temps qui sépare l'être de sa mort, la réalité d'un être prenant position à l'égard de la mort, c'est-à-dire encore la réalité d'un être conscient et de son intériorité [1]. » Or le temps, dans ces films, n'existe pas. Suspension du temps qui rend ainsi indéfiniment possible la présence de la mort et le caractère inexorable de son imminence. Négation de l'homme dans sa généralité : il n'y a plus que des individus, inertes comme des choses, dont il convient de se débarrasser.

Quel corps doit mourir ? de quelle mort ? Bien que son chemin soit marqué par ces corps sans vie ou agonisants, le héros, lui, ne peut pas mourir. Si Batman ne tue pas, ses adversaires n'en meurent pas moins brutalement, mais jamais de sa main ou du fait de son action. Néanmoins les cadavres sont là, dont personne ne portera jamais le deuil, à l'exception de la mère du camarade de Rambo, qui pleure son fils mort. Et pourtant les corps morts ne manquent pas, Rambo approvisionne abondamment l'écran de chutes spectaculaires des corps, illustrant du même coup les différentes façons de tuer que lui ont enseignées ses instructeurs militaires. Et si *Terminator* ne montre pas les cadavres qui jalonnent le parcours du héros en ange exterminateur, ceux-ci n'en sont pas moins présents, même si c'est de façon allusive. Le compte y est

---

1. Emmanuel Levinas, *op. cit.*, p. 247.

puisqu'il est question de la destruction totale de l'humanité par les machines. Comme dans *Batman* où quelqu'un doit mourir d'une mort grossière et triviale dont personne ne portera le deuil.

Quels deuils y sont absents ? Qui s'afflige de tant de morts, de cet holocauste magistral ? Pas de peine, pas de douleur, pas de larmes, pas d'affliction. Au contraire la mort y est facteur de réjouissance et de jubilation : qui pourrait assumer le deuil de tant de morts ? Le spectateur n'est pas invité à se lamenter mais à s'exalter de la disparition de tous ces prétendus ennemis de l'humanité. Une opération d'effacement s'effectue ici encore : peu importe la quantité de cadavres dès lors que l'on assiste au triomphe de la vérité et de la justice américaines proclamées par le héros. De combien de deuils absents se paie la victoire du héros ? Absence, effacement, disparition : pas d'empreinte visible. La trace est là pourtant, secrète et masquée disant que l'humanité ne mérite de survivre qu'à la condition du héros, qu'à la condition de devenir héroïque et américaine à son tour... discours qui est bien là, même s'il n'opère que si le spectateur est dupe.

Le corps sacrificiel du héros

Le héros est voué au sacrifice. Il n'est héros qu'à la condition d'accepter le sacrifice de son corps. Le sacrifice [1] a une fonction initiatique, il fait en sorte que celui qui y participe, que ce soit à titre d'officiant ou d'objet sacrificiel, soit métamorphosé par le rituel. L'initiation est un processus acculturatif qui anticipe sur le futur et interdit tout retour en arrière. Celui qui est initié ne peut plus revenir à un temps désormais aboli et dépassé, il est définitivement un homme nouveau. Le corps sacrificiel premier, primordial est le corps

---

1. Voir aussi une première version des paragraphes qui suivent in : Jean Ungaro, « Le Corps sacrificiel du héros », in Frédéric Gimello-Mesplomb (dir.), *Le cinéma des années Reagan. Un modèle hollywoodien ?*

crucifié du Christ, modèle canonique du corps sacralisé par sa souffrance.

L'idée du sacrifice est liée à la très ancienne conception de l'univers comme partagé, divisé, fracturé entre le monde visible et le monde invisible, le monde d'en bas et le monde d'en haut, le monde du temps et de la corruption et celui de l'éternité et de l'immuabilité, le monde de la mort et celui de l'immortalité, bref le monde profane et le monde sacré. Contrairement au monde profane, qui autorise une certaine permissivité, le monde sacré est pensé comme intouchable, interdit, prohibé, dangereux. Le sacrifice est ce qui vient se placer entre les deux, ce qui vient s'intercaler, s'insinuer de telle sorte qu'une porte, un passage, un chemin reste possible entre les deux mondes. Passer de l'un à l'autre demande, en effet, des précautions, des actes précis et définis de longue date, toute une liturgie patiemment ordonnée, des actes qui ont fait leurs preuves, des gestes ritualisés qui adoucissent les rigueurs du passage, l'effroi de la transition, la crainte de la rencontre avec cet autre monde terrifiant et mystérieux. Sacrifier c'est donc rendre sacré ce qui ne l'était pas par soi c'est, par une rhétorique symbolique réglée de gestes et de paroles, agir de telle sorte que ce qui était impur devienne pur en faisant assumer par l'objet, l'animal ou l'homme sacrifié les fautes des humains afin de calmer la colère des dieux.

L'acte sacrificiel occupe une place essentielle dans la plupart des sociétés. Il s'agit toujours, par cet acte, de protéger un groupe, un peuple, une communauté contre ce qui pourrait lui porter atteinte, le diminuer voire l'anéantir. Lorsque les dieux le réclament, il faut impérativement immoler un animal ou un être humain afin de ne pas avoir à subir la punition divine. La volonté des dieux étant mystérieuse, énigmatique et impénétrable, il est souvent nécessaire d'accomplir un sacrifice propitiatoire pour devancer leur colère et échapper à leur châtiment. Les guerres, les conflits, les antagonismes, quels qu'en soient les motifs, ont été de grands sacrificateurs de vies humaines au nom de la défense de la patrie, de la liberté ou d'un idéal social, politique ou religieux.

Le sacrifice suppose qu'une faute a été commise, qu'une offense ou un blasphème a suscité le courroux des dieux. Il exige non seulement que du sang soit versé mais encore que ce qui est sacrifié soit pur : à Rome, on lave et nettoie soigneusement le bœuf avant de l'égorger, et Iphigénie est choisie comme victime en raison de sa virginité qui atteste de la pureté de son corps et de ses sentiments. Le sacrifice constitue donc un offrande sanglante : on offre aux dieux la chair et le sang soit de manière réelle (en égorgeant sur l'autel un animal ou un être humain), soit de manière symbolique en utilisant des substituts ou des représentations qui prennent, de ce fait, valeur sacrée à leur tour.

Le corps sacrificiel est présent dans l'univers de notre représentation depuis des temps immémoriaux. Le sacrifice fait partie des plus anciens et des plus essentiels éléments fondateurs de la communauté des hommes : il est rarement le fait d'un homme seul mais, le plus souvent, d'une communauté assemblée et unie autour de croyances partagées. Il est donc lié à une mémoire ancestrale, à des événements anciens mais jamais totalement résolus. Georges Bataille l'associe, pour sa part, à la notion de perte. « Dès l'abord, dit-il, il apparaît que les choses sacrées sont constituées par une opération de perte : en particulier, le succès du christianisme doit être expliqué par la valeur du thème de la crucifixion infamante du fils de Dieu qui porte l'angoisse humaine à une représentation de la perte et de la déchéance sans limite [1]. » La perte renvoie à d'autres notions. D'abord à l'idée de mémorial, au souvenir de ce qui a été perdu et qui est, alors, considéré comme disparu à jamais mais qui doit faire l'objet de commémorations rituelles afin que la mémoire ne s'en efface pas, et même en préserve la présence réelle sous une forme de substitut. La perte suscite la nostalgie voire la mélancolie et le regret associés au remords que le geste (ou l'acte) qui l'a provoquée ait pu être accompli, engendrant ainsi le sentiment d'une culpabilité inexpiable. Qu'elle soit faute, blasphème, meurtre ou crime, la perte est inévitablement sanctionnée par un châtiment inexorable qui, à son

---

1. Georges Bataille, « La notion de dépense », in *La Part maudite*.

tour, entraîne l'idée d'un destin voire d'une fatalité. La perte peut aussi n'être qu'une idée, ou un fantasme au sens freudien, elle n'en conserve pas moins toute sa force. Elle peut, enfin, susciter le désir de retrouver ce qui a été perdu, de le reconstituer, de le rétablir et, par un acte, d'effacer l'acte coupable avec le remords qui l'accompagne. C'est le sens du sacrifice. « Les cultes, dit encore Georges Bataille, exigent un gaspillage sanglant d'hommes et d'animaux de *sacrifice*. Le sacrifice n'est autre, au sens étymologique du mot, que la production de choses *sacrées*. »

Sacrifier, offrir en holocauste, semble avoir été un geste fondateur, à la fois primordial dans l'histoire des hommes et perpétuellement renouvelé sous des formes diverses (y compris sous la forme du « bouc émissaire ») par l'ensemble des cultures et des civilisations. Il constitue l'essence du tragique, de la tragédie comme nœud de l'existence des hommes, dans la mesure où la tragédie, même si elle n'est pas le « chant du bouc » dont parle Aristote, n'en est pas moins le chant de la victime qui expie sur la scène, ou plutôt qui représente symboliquement l'expiation, en assumant, pour les purifier, les angoisses des spectateurs jusqu'à sa fin impitoyablement funeste. « En ce sens, dit Jacques Derrida, le sacrifice est constitutif de l'espace tragique [1]. » La célébration du sacrifice relève en général, comme la tragédie représentée sur la scène, de la répétition ritualisée : le geste du sacrificateur refait le geste du premier qui a accompli l'acte originel, la répétition faisant référence (et témoignant de la déférence) à ce qui a été, à ce qui s'est déjà produit dans un autre temps. Le sacrifice est toujours un spectacle, il s'accomplit devant un public, il doit être visible pour être attesté. Le geste du sacrifice est un geste meurtrier mais il est censé, en même temps, être geste de vénération, d'amour ou d'adoration, synonyme d'offrande aux puissances supérieures qui commandent à l'existence du monde et des hommes. Donc, geste meurtrier mais aussi geste de sauvegarde et de mise en garde ; se rendre favorable les

---

1. Jacques Derrida, « Le sacrifice », in *La Métaphore*, n°1, « L'irreprésentable, le secret, la nuit, le forclos », printemps 1993.

puissances supérieures c'est se donner la garantie d'une protection assurée. Par ailleurs, on trouve, dans le sacrifice ainsi ritualisé, une part d'obsessionnel, comme s'il s'agissait d'avoir à revenir éternellement sur ce qui a été inachevé, et qui se révèle inachevable. D'où sa représentation toujours recommencée.

Or, l'idée d'un sacrifice humain n'est plus pensable de nos jours dans les sociétés occidentales, en tout cas elle n'est plus pensable dans des termes identiques – bien que réalisée chaque jour dans les guerres et les conflits incessants ou par ceux qui acceptent sereinement de perdre la vie au bénéfice de leur idéal –, même s'il se produit toujours, sous des formes ritualisées, dans le cérémonial religieux.

Certains films – dont *Rambo* et *Terminator* n'en sont que des exemples –, se chargent donc de remplir cette fonction de substitution qui consiste, comme lors d'un rituel religieux, à représenter le sacrifice en en mimant l'exécution. Sacrifice hallucinatoire en quelque sorte et doublement fantasmé puisqu'il reproduit le geste initial alors que cette reproduction est elle-même fantasmée dans le film, lequel remplit néanmoins sa fonction sacrificielle en montrant qu'il y a encore des héros (américains) prêts à donner leur vie pour le salut de l'humanité. Fiction, bien sûr, on est au cinéma, absence réelle du héros réel, ne laissant subsister sur l'écran que son empreinte, la trace de son absence. Mais fiction réelle en ce qu'elle prétend au statut de substitut du héros réel.

Dès l'Antiquité, le sacrifice est souvent symbolique, il est l'épreuve que doit subir le sacrificateur sans que la mort ne survienne : Iphigénie échappe au châtiment, Isaac ne périt pas sous le couteau d'Abraham, et Jésus meurt sur la croix mais c'est pour renaître d'abord à la vie terrestre (il est ressuscité d'entre les morts) puis à la vie éternelle (résurrection). Or, le sacrificateur, celui qui est ainsi mis à l'épreuve, doit montrer par ses actes qu'il est prêt à se soumettre aux injonctions divines quelque cruel (et injustifiable au regard de l'humanité) que soit ce commandement. Abraham doit aller jusqu'au bout, se soumettre, accepter la loi de Dieu, il ne doit ni se révolter, ni se rebeller, simplement purifier son esprit, s'abandonner à l'infinité de l'amour de son Dieu avant d'exécuter le sacrifice qui lui est demandé.

Mort et résurrection du héros ? Mort symbolique, mort factice, simple empreinte mais, comme dans toute fable, pour que le héros mérite son titre de héros, il doit subir sur son corps les épreuves qui montrent aux yeux de tous qu'il est d'une essence supérieure au commun des mortels. Or si, dans la littérature, la poésie et la musique, c'est par la parole ou le chant que le héros exprime sa douleur, s'enthousiasme radieusement d'avoir à connaître le martyre, accueille sans orgueil la gloire qui accompagne l'exaltation de son corps souffrant, au cinéma c'est, dans une rhétorique singulière, par les marques ostensibles que porte son corps, en rendant visible son corps outragé et supplicié, que le héros manifeste son héroïsme. Disons-le autrement, les marques sur le corps du héros signifient l'humiliation subie, la souffrance acceptée, le sacrifice consenti, la vertu outragée. Le héros est celui qui doit mourir ou, faute de mourir, souffrir intensément dans sa chair, exposer sa souffrance au monde pour racheter les fautes et les faiblesses des hommes ou apaiser la colère des dieux. L'universalité du héros américain est inscrite dans son être même comme son modèle, le Christ qui, non seulement offre sa chair et son sang en holocauste mais qui veut que ce sang soit répandu « pour la multitude en rémission des péchés » (Matthieu, 26, 28), et que ce sacrifice se renouvelle chaque jour dans le rituel de la liturgie religieuse, laquelle peut être analysée comme une rhétorique cérémonielle.

Destin (fatalité) du corps

Le corps du héros, par sa représentation, atteste de la perfection de l'idéal signifié par sa présence sur l'écran. Que serait le héros si nous ne le voyions pas souffrir pour nous dans son corps ? Il serait alors un ange. L'ange ne souffre pas, il n'a pas de corps. Le héros doit être proche de nous puisqu'il est notre représentant auprès des dieux. Il doit donc avoir un corps souffrant, un corps de douleur. Il doit mourir et renaître, indéfiniment, mais en respectant les règles qui exigent que, sur le plan narratif, il se trouve devant une immense tâche à accomplir, qu'il en accepte le défi, qu'il rencontre des obstacles, que ses adversaires le fassent souffrir jusqu'aux portes de la mort et qu'enfin, dans un dernier sursaut d'énergie et de vitalité, il emporte la victoire afin que nous quittions rassurés la salle de cinéma où se réalisent ces miracles. Nous avons certes, là, les procédés narratifs qui ont été abondamment utilisés et longuement analysés, mais les rappeler ici nous aide à comprendre comment ce destin du corps du héros se noue au destin primordial de celui (le Crucifié disait Nietzsche) dont il s'agit de renouveler, sous cette forme, la légende et l'idéologie.

La ritualisation du récit, la conformité du scénario à une forme canonique enferme le corps du héros dans une liturgie processionnelle et fait de lui l'objet d'un destin fatal ; mais le destin du film est, lui aussi, inexorable, liturgique et processionnel. Le cinéma, art narratif, est un art du temps ; le film a, nécessairement, un début, une certaine durée et une fin ; il doit comme toute liturgie observer la succession des phases du rituel, il ne peut – d'autant moins dans ce type de films – ni déroger aux règles qui fixent cette succession, ni abolir les événements auxquels il est contraint. Or le destin est intemporel, il est hors du temps, il en est la négation. Dans le cheminement vers la fin assignée du héros (vers son destin), le temps n'est qu'un leurre, une fiction par laquelle, sorte de ruse de la raison, le héros donne le sentiment d'exister dans la durée, de connaître des événements qui modifient sa vie alors que tout était réglé par avance. Il est comme Œdipe qui croit vivre sa vie alors qu'il ne fait qu'accomplir ce que les dieux ont décidé pour lui. On se souvient que les Évangiles soulignent fortement cet aspect. Les événements se produisent, dit Jean, « afin que l'Écriture soit accomplie », au point que Jésus lui-même intervient auprès des gardes venus l'arrêter afin que tout se passât conformément à ce qui était écrit [1]. Dans un certain sens,

---

1. « Alors Jésus, sachant ce qui allait lui advenir, sortit et leur dit : "Qui cherchez-vous ?" Ils lui répondirent : "Jésus le Nazaréen." Il leur dit : "C'est moi." Or Judas, qui le livrait, se tenait là, lui aussi, avec eux. Quand Jésus leur

le film (*Rambo*, *Terminator*) ne nous donne pas à connaître des événements qui transformeraient les personnages, ils sont ce qu'il sont de toute éternité, et rien ne peut modifier leur être ni bouleverser la trame de leur existence. La ligne en est tracée bien avant que le film n'existe. L'impavidité des personnages fait d'eux, non pas des incarnations d'hommes décidant par eux-mêmes de leur vie, mais des signes de l'inexorable : dès que le héros apparaît le spectateur sait ce qui va se produire. Il est là dans cette salle de cinéma, spectateur captif du récit, pour assister à une sorte de redondance ou de bégaiement du film précédent. De même que toute liturgie, répétition du rituel, rassure le fidèle et le conforte dans sa foi, de même le film offre au spectateur la vision rassurante de ce qu'il attendait. La fin du film est annoncée par son début : le corps du héros ne tremble jamais et pourtant il sait que ce corps est le lieu de sa souffrance à venir et de la fatalité de son sort. Le corps terrestre du héros (de ce héros cinématographique), doit disparaître mais c'est pour renaître aussitôt comme corps céleste. Il y a dans ces films dit « d'action », quelque chose de figé, de pérenne, d'immuable pas seulement du fait de la répétition, pas seulement dans la structure intangible du récit, mais dans ce qui nous est donné à voir de ce corps sans ride. Nous avons à faire, non à des individus vivants et pensants, non à des corps de chair et de sang, non à des corps souffrants mais à leur effigie, à des statues commémoratives, à des icônes dont le film célèbre la gloire, comme l'office religieux des chrétiens célèbre la gloire du Christ en commémorant sa souffrance et sa résurrection. Comme un destin.

Le corps sacrificiel du héros connaît une double destinée. La première fixée par le scénario écrit par une équipe de

---

eut dit : "C'est moi", ils reculèrent et tombèrent à terre. De nouveau il leur demanda : "Qui cherchez-vous ?" Ils dirent : "Jésus le Nazaréen." Jésus répondit : "Je vous ai dit que c'est moi. Si donc c'est moi que vous cherchez, laissez ceux-là s'en aller" : afin que s'accomplît la parole qu'il avait dite : "Ceux que tu m'as donnés, je n'en ai pas perdu un seul." » Jean 17, 4-9. Jean (19, 28) répète encore lorsque Jésus est sur la croix : « Après quoi, sachant que désormais tout était achevé, pour que l'Écriture fût parfaitement accomplie, Jésus dit : "J'ai soif" ».

scénaristes qui articulent les événements de manière à conforter le mythe spécifique du héros représenté ; la seconde prescrite par le spectateur qui attend du film qu'il réponde à ce qu'il présume des actions de son héros. Double enfermement, en quelque sorte, qui concerne le personnage en général, et le corps en particulier. Parce qu'il est question ici des aventures du corps, d'un corps certes infatué, mais jubilatoire, d'un corps excessif et extravagant, icône et porteur d'icônes qui ne peut transgresser son destin. Les dieux (Dieu ?) veillent sur lui, lui font accomplir ce qui était écrit, le mettent dans le chemin tracé pour lui pour le mener à sa fin inéluctable. Le corps du héros n'est pas le corps d'un homme parce qu'il faudrait lui supposer une liberté, comme à tout homme, ce qui, ontologiquement, lui est refusé.

Hasardons-nous à énoncer une évidence : aucun homme, ou femme, n'est susceptible de réaliser dans la vie ce que nous voyons sur l'écran. Cela, nous spectateurs, nous le savons de longue date comme nous savons depuis notre plus tendre enfance que les contes que l'on nous disait pour nous endormir n'étaient que des fables invraisemblables. Le charme du film, comme du conte, tient aussi à cette invraisemblance. Nous aimons imaginer ces personnages capables de nous consoler de nos petitesses et de nos faiblesses, le héros est la figure privilégiée d'un monde où règnerait la justice et l'équité. De là, de cette exigence intime, vient notre demande que la représentation du héros comble notre attente et ne déroge pas à la norme. Il doit la combler en respectant les règles qui posent que le héros doit être ainsi et pas autrement. Le corps du héros constitue la part matérielle, celle qui est liée au monde, à la terre, à la densité de la chair, à la fluidité du sang. Or, le destin du corps c'est bien, dans la tradition chrétienne, de ressusciter, de connaître le corps glorieux de la résurrection. Le seul corps véritable, dans cette même tradition, c'est le corps parfait de la vie éternelle, pas la chair misérable du corps terrestre. Le premier est objet de louanges et de marques de respect, le second est méprisable et indigne. Le corps terrestre est pesanteur, lourdeur, il induit l'homme à la faute, le tire vers le bas, l'empêche de s'élever dans le ciel éthéré. Le film reprend cette répartition puisqu'on y trouve à la fois l'exaltation amoureuse du corps musculeux du héros et le mépris de la chair soumise à toutes les humiliations. Parce que c'est le destin du corps filmé de souffrir jusqu'à la désespérance pour accéder sans crainte à la vie éternelle cinématographique.

Il est sans doute possible de penser que le héros offre son corps sacrificiel au récit ou qu'il fait au récit le sacrifice de son corps. Mais il semble plus juste de dire que le sacrifice du corps est une nécessité pour faire comprendre au peuple des spectateurs que la voie du salut de l'humanité passe par la reconnaissance du héros américain comme seul héritier légitime du « Fils de Dieu », adhésion qui est plus que l'admiration d'un personnage fabuleux lorsqu'il nous dit, comme l'évangéliste : « Pour qu'en croyant vous ayez la vie en son nom. » (Jean, 20, 31)

Le corps de guerre

Le corps de guerre et non le corps en guerre, ni le corps guerrier, ni le guerrier qui préserverait l'homme par delà la fonction de guerrier. Corps de guerre parce que, dans le personnage, il n'y a rien, excepté la guerre. Parce que Rambo n'existe que par la guerre et pour la guerre. Guerre du Vietnam à domicile comme si la guerre était permanente, interminable parce que non-terminable : il ne peut y avoir de fin à ce qui a toujours déjà commencé (éternité de la guerre). Rambo ou la guerre d'un seul homme (« A One Man War [1] ») et la rhétorique du film fonctionne comme une catachrèse.

D'un certain point de vue, *First Blood* est un film bien étrange. Un film sur la guerre perpétuelle, sur la haine de l'autre, du différent, de l'étranger, de l'indésirable, un film sur l'antagonisme des corps, sur leur incompatibilité. Corps contre corps. Corps musclé du héros contre corps avachis des membres de la police. Haine, détestation, hostilité qui doivent aller

---

1. Slogan publicitaire pour ce film.

jusqu'à leur terme : l'assassinat, le meurtre, l'exécution, le lynchage ; jusqu'à offrir en holocauste la victime expiatoire, toute désignée puisqu'elle est étrangère et que son corps est si différent. Thème récurrent dans le cinéma américain et que l'on trouve de manière presque identique, en 1945, à propos du retour des soldats. Le scénario de Rambo semble, en effet, repris d'un film de John Sturges, en 1955, *Un homme est passé* (*Bad Day at Black Rock*), où le héros de guerre (manchot), John MacReedy, vient remettre au père d'un soldat mort au combat, la médaille qui lui avait été attribuée en raison de sa bravoure et de son sacrifice [1]. Or le père, Américain d'origine japonaise, a été lynché par les habitants qui le considéraient comme un ennemi des États-Unis... Et le héros manchot doit, à son tour, se défendre contre les habitants qui veulent le tuer, lui aussi, parce qu'il est le représentant vivant de ce qu'ils ne sont pas, parce qu'il est le témoin, celui dont le regard ne peut être supporté. Ils doivent non seulement le tuer, mais le dissoudre, faire disparaître ce qui pour eux ne peut jamais avoir d'existence réelle, l'éliminer pour préserver le secret de leur crime. Le secret c'est aussi le sacré, ce à quoi nul ne doit porter atteinte sous peine de mort ; c'est ce qui est hors ou au-delà de la connaissance, ce qui n'est pas placé sous le regard, ce qui excède le champ du visible. Le mystère de la Providence divine, le mystère de la Grâce sont considérés comme des secrets, transcendants à toute connaissance humaine, trop loin pour que le regard puisse les atteindre. Thème qui rencontre le rapport à l'autre, c'est-à-dire notre rapport à la responsabilité, à « ce qu'est, dit Derrida, c'est-à-dire ce que doit être une personne responsable, à savoir cette exposition de l'âme au regard de l'autre personne, de la personne comme autre transcendant, comme autre qui me regarde, mais qui me regarde sans que moi, le moi-je, puisse l'atteindre, le voir, ou le tenir à portée de regard [2]. » Phénomène de négation de l'autre qui se traduit, dans *Rambo*, par la longue chasse à l'homme, qui transforme le fugitif en métaphore de l'homme des bois, du premier homme,

---

1. Le héros manchot, John MacReedy est interprété par Spencer Tracy.
2. Jacques Derrida, *Donner la mort*.

de l'animal sauvage prêt à tuer tout ce qui se trouve sur son chemin et qui, s'excluant lui-même, se désigne comme celui qui doit être sacrifié parce que trop étranger à la communauté des hommes ordinaires. C'est cette même relation que Derrida établit entre la mise à l'écart, le bouc émissaire et le sacrifice nécessaire. « Le terme "forclos" n'indique pas seulement l'exclu, le dissocié, ce qui est mis à l'écart, au dehors, ou qui ne peut pas revenir, mais aussi souvent le sacrifié, le bouc émissaire, ce qu'on doit mettre à mort, expulser ou écarter [...] [1]. » Et, la logique du film (*Rambo* aussi bien que *Bad Day at Black Rock*) ne conduit pas seulement à éloigner ou écarter, mais bien à mettre à mort dans une cérémonie sacrificielle.

Guerre d'un seul homme ? Rejet, refus, négation de soi par l'autre, réfutation de tout héroïsme, tel est le sort que se voit proposer le héros. Rambo a, en fait, de son côté, récusé l'humanité dans son ensemble. Il a déclaré une guerre permanente à l'humanité tout entière parce que l'humanité aurait perdu toute humanité, parce que non seulement elle aurait, selon le discours du film, oublié Dieu mais perdu confiance dans la puissance américaine. S'il refait sa guerre du Vietnam sur le territoire des États-Unis c'est bien parce que le combat qu'il pensait y avoir mené contre ces ennemis non-humains, s'est transporté dans son propre pays. Selon la logique du film, les Américains eux-mêmes ont perdu tout sens de ce qu'est fondamentalement un homme (américain) qui ne peut être autre qu'un corps de guerre. Le paradoxe du film consiste à tenir le discours selon lequel les hommes se conduisent comme les Philistins et les Sadducéens qui rejettent l'étranger tout en pensant servir les intérêts de l'humanité. Sur l'autre versant, le versant de Rambo héros combattant, on trouve la même référence, mais elle ne se rapporte ni à Jésus symbole de paix et de sérénité mais à celui qui chasse violemment les marchands du Temple, ni au Dieu d'amour, au Dieu universel annoncé par saint Paul, mais au Dieu vengeur, au Dieu plus originel, celui qui mène son peuple au combat, celui qui guide Moïse jusqu'à la Terre promise en éliminant successivement tous ses

---

1. Jacques Derrida, « Le sacrifice », in *La Métaphore*, n°1, printemps 1993.

adversaires ou encore à celui qui dit apporter le glaive et non la paix. Le héros doit continuer le combat, non pas pour tuer ses compatriotes, ni pour satisfaire ses pulsions meurtrières, mais pour faire en sorte que le mal ne se répande pas davantage. L'idée ici est celle d'une nécessaire aseptisation, d'une purification du sol par le sang versé afin d'échapper à une contamination avérée ou, pour le moins, à une contagion fatale de toute l'humanité par une pollution sournoise ; idée que les hommes sont dévastés par le mal comme par ces maladies mortelles que sont la perte, l'oubli, la négation des valeurs fondatrices des États-Unis. Comme une machine folle, la création a échappé à son créateur.

Selon la référence biblique, constamment invoquée dans ces films, si le monde a été créé par le Verbe, si c'est en nommant les choses que Dieu a donné existence au monde, à l'inverse, Rambo ne parle pas, son langage verbal est d'un laconisme qui confine à l'aphasie. Le défaut de parole confirme son impuissance à créer, il ne peut que détruire. De ce point de vue, *Rambo* est un film athée dans la mesure où la parole absente signifie l'absence de Dieu : Dieu est mort ou il a renoncé, il a abandonné sa création, il l'a livrée aux forces du mal. Rambo ne peut que prendre acte de cette absence et de cet abandon et faire, à son tour, la preuve de la déréliction du monde. Toute parole est, alors, vaine ou superflue, Rambo ne peut que faire parler son corps, il est une icône vivante et, comme toute icône, ce corps de guerre offert, magnifié dans sa représentation, se trouve investi d'une extrême charge symbolique, mais il n'est qu'une image, une figure de calendrier. Il est l'empreinte de ce qui n'a jamais été.

L'univers des hommes sans femmes

La question devient donc : y a-t-il un autre, une empreinte de cette empreinte ? Absence, rétention, disparition, dissolution : qui est l'Autre de cet autre ? Qui est l'autre corps de ce corps ? Or le héros n'a pas d'équivalent.

Rambo est un film d'hommes. La femme est l'autre absent. Le héros est sans femme comme il est sans autre parce qu'il n'est pas un autre pour l'autre ; il n'est qu'une force mâle attestée par sa forte musculature. Ses sentiments et ses pensées sont exclusivement virils : pas de tendresse, pas d'affection, pas de sentiment, aucune compassion, une grande indifférence à tout ce qui n'est pas lui, seuls comptent la force, la violence physique et le fracas des armes [1]. Rien de féminin chez lui, ni dans son corps ni dans ses sentiments. Il est homme, exclusivement. Aucune femme n'apparaît dans l'histoire, sauf, nous l'avons dit, la mère éplorée qui, au tout début du film, annonce la mort de son fils, camarade de combat de John Rambo. C'est elle qui signifie au spectateur la solitude absolue du héros : tous ses camarades sont morts au combat et le dernier est mort d'un cancer dû à « l'agent orange » que les avions américains déversaient abondamment sur le territoire vietnamien. Le film dessine alors le désert, le territoire sans autre, que le héros devra parcourir.

Absence des femmes qui dit bien que les femmes *doivent* être absentes, simples figures fugitives de pleureuses de leurs hommes morts glorieusement au combat. Les femmes ne remplissent aucun vide, aucun creux, aucun écart, aucun interstice, elles sont niées en tant qu'êtres occupant une place. On pense ici, naturellement, à ce que Emmanuel Levinas disait de la femme… « Et l'Autre dont la présence est discrètement une absence et à partir de laquelle s'accomplit l'accueil hospitalier par excellence qui décrit le champ de l'intimité, est la Femme. La femme est la condition du recueillement, de l'intériorité de la Maison et de l'habitation [2]. » Ce qui marque encore plus fortement la solitude de Rambo qui, non seulement a perdu tous ses camarades mais qui, de plus, n'a ni ami, ni demeure, ni femme et il est même sans vêtement après qu'il en a été dépouillé par les policiers. Montrer l'homme nu, c'est tirer un fil depuis l'homme sans péché jusqu'au héros sans tache. Le

---

1. De ces héros virils, il faut, bien entendu, exclure entre autres, les personnage tels que La Mariée de *Kill Bill* (Quentin Tarantino, 2003 et 2004), héroïne qui n'entre pas dans le cycle des « héros sauveurs de l'humanité ».
2. Emmanuel Levinas, *Totalité et infini*, p. 160.

geste de se dénuder, que l'on trouve dans de nombreuses traditions, est un geste purificatoire. Nudité et dénuement. L'homme nu, est l'homme d'avant le péché, l'homme d'avant la Femme. Dépouiller c'est « enlever la peau », déshabiller, dévêtir, déposséder, priver, spolier, ne rien laisser. Dans la doctrine chrétienne, « dépouiller le vieil homme » c'est se défaire de ses mauvais instincts pour se hisser à la spiritualité, au déni du corps, c'est aussi laisser derrière soi ce qu'on a été pour se purifier et se donner de nouveaux habits. Le geste de dépouiller revêt donc dans le film un double sens, il signifie la purification nécessaire de ceux à qui il s'applique (comme le font Batman ou Superman lorsqu'ils changent de vêtements), mais il signifie aussi humiliation et sacrifice d'une partie de soi-même par ceux qui y sont contraints.

Figure de la nudité, Rambo est l'exclu absolu, exclu de tout, il est tout à l'extérieur et en extériorité. Le film le montre toujours dehors, et quand on essaye de l'enfermer, il se déchaîne contre ceux qui voudraient le maintenir à l'intérieur (derrière les barreaux de la prison ou dans le souterrain). Non seulement il est toujours dehors mais, trait plus encore fondateur de son identité, il est « hors de lui », il n'a aucune intériorité excepté le sentimentalisme qu'il manifeste au souvenir de ses camarades morts au combat. Or, dit Levinas, c'est la femme qui rend le monde habitable. Et, donc, le monde sans femme de Rambo, est un monde inhabitable, inhospitalier, d'une grande froideur et d'une extrême cruauté, un monde qui ne connaît que la guerre perpétuelle, qui n'entend que le langage de la force brute et du vacarme des explosions. Le monde n'est rien d'autre que le territoire sauvage, le désert peuplé de monstres où Rambo trouve à déplacer son corps et à affronter ses ennemis. Si le désastre a déjà eu lieu, ce n'est pas, ici, ce que Blanchot appelle le désastre de la pensée, c'est l'absence de toute pensée.

Contrairement à Terminator et à Robocop, Rambo est un être humain, fait de chair et de sang, le *blood* de *First Blood* trouve ici tout son sens. Contrairement à Terminator, il éprouve aussi quelques sentiments : la colère, la haine, la peur, il cultive aussi l'esprit de révolte, de rébellion, d'insoumission mais ces affects sont toujours tournés vers l'extérieur, ils s'exercent contre les autres. Par conséquent, il est, d'une certaine manière, l'opposé de Terminator, créature mécanique et électronique dont la caractéristique est l'obéissance aveugle aux ordres, la sujétion à la configuration qui a été inscrite dans ses circuits. Et pourtant ils sont formés sur un modèle identique : ils sont l'un et l'autre dans la sujétion et la dépendance. Le corps de Rambo est tout autant voué au sacrifice que celui de Terminator sans que ni l'un ni l'autre ne se révolte contre ce commandement. Il faut d'ailleurs remarquer que Rambo est tout aussi mutique que Terminator, son corps massif oppose la même densité opaque aussi bien aux flots de paroles de ses supérieurs et des autorités policières qu'aux actions violentes de ceux qui voudraient le soumettre et l'anéantir.

L'exemple nous en est donné, au début du film, par la séquence de la rencontre avec le shérif. Rambo a quitté le hameau où il a, une nouvelle fois, rencontré la mort en apprenant la disparition de son camarade. Il marche sur la route et arrive dans la petite ville. Il a vu une femme pour la dernière fois, plus aucune femme n'apparaîtra dans la suite du film. Rambo a les cheveux longs, il est mal rasé, il porte une veste militaire, un pantalon de jean, de grosses chaussures, il a un balluchon sur le dos. La ville est déserte, la solitude de Rambo est soulignée par le cadrage en plan large qui le montre perdu d'abord dans le paysage puis dans la ville déserte.

Le shérif sort de son bureau, s'arrête en haut des marches donnant sur la rue, il a un air satisfait, sûr de lui, suffisant et condescendant, il est cadré en contre-plongée, il sourit, descend les marches, salue par leur prénom les deux personnes qu'il croise (apparition fugitive d'une femme), monte dans sa voiture et commence à rouler lentement. Il voit Rambo venir vers lui, il sourit toujours. Rambo passe le long de sa voiture sans le regarder. Le shérif l'observe dans son rétroviseur, fait demi-tour, interpelle Rambo qui lui dit chercher un endroit où il pourrait manger. Le shérif répond que ce n'est pas possible [1]

---

1. Expression de l'arbitraire et de l'abus de pouvoir : « Il y a une loi qui m'interdit de manger ici ? », demande Rambo. Le policier lui répond : « Oui ! moi. On ne veut pas de type comme vous dans cette ville. »

puis demande à Rambo où il va et lui ordonne de monter dans sa voiture, il le conduira jusqu'à la sortie de la ville. Rambo s'assied à côté du shérif. Notons que la première apparition du shérif Teasles le désigne d'emblée comme celui que les spectateurs vont devoir haïr. Lors du match de catch, décrit par Roland Barthes, le combat ne peut avoir lieu qu'à la condition que les personnages en présence ne souffrent aucune ambiguïté sur le rôle qu'ils vont assumer. « Comme au théâtre, chaque type physique exprime à l'excès l'emploi qui a été assigné au combattant. Thauvin, quinquagénaire obèse et croulant, [...] étale dans sa chair les caractères de l'ignoble, car son rôle est de figurer ce qui, dans le concept classique du "salaud" (concept-clef de tout combat de catch), se présente comme organiquement répugnant [1]. » La présentation du shérif ne laisse aucun doute sur la fonction qu'il va remplir dans le film. Il est aussi une figure d'exclusion : il écarte d'emblée tout autre signification comme tout autre personnage de même nature. Il est figuré de telle manière que toute présence féminine est impensable.

La femme absente rend inhospitalier le village en apparence le plus accueillant, celui dont on devrait pouvoir dire que la vie y est calme, sereine, où l'on cultive l'amitié et où les relations sont chaleureuses. Le shérif est là pour démonter cette belle image et pour inscrire son univers dans la fermeture à tout ce qui n'est pas lui. Dialogue partiel (en fait monologue, pendant tout le temps où il est dans la voiture avec le shérif, Rambo ne prononce pas un mot). Le shérif : « On veut pas de mecs comme vous ici, pas de vagabonds... on serait vite envahis, c'est pour ça... Et puis vous vous plairiez pas ici, c'est un bled tranquille, on pourrait dire ennuyeux, ça nous plaît comme ça... Mon boulot c'est de le garder comme ça, ennuyeux... Un conseil d'amis : une coupe de cheveux, une douche et on vous laissera tranquille... »

Obsession de l'invasion et de la contamination, peur et haine de l'autre, volonté de réduire l'autre au modèle conforme, le discours du shérif dans sa rusticité montre le souci des

---

1. Roland Barthes, *Mythologies*, p. 15.

scénaristes d'utiliser la rhétorique la plus simple, la plus compréhensible par tous : le spectateur sait d'emblée qui il va devoir exécrer et mépriser dans le film. Aucune femme ne viendra rendre ce monde habitable. Haine contre haine, le rapport du spectateur au film, est de même nature que le rapport entre les hommes décrit par le film. On sait que le film peut commencer. Tous les éléments rhétoriques sont en place.

Rambo, déposé sur le bord de la route, regarde s'éloigner la voiture du shérif et se remet en marche pour revenir en ville, il n'a toujours pas dit un mot. Obstination muette de celui qui sait où il va et ce qu'il doit y faire. Le spectateur le sait aussi, il connaît par avance toutes les séquences à venir comme le chrétien connaît depuis toujours les stations du chemin de croix. Résumons la suite : arrestation, retour au « Sherif's Office ». Là commence la première station du martyre de Rambo. Il est humilié, moqué, ridiculisé, déshabillé. On voit alors, aux marques qu'il porte sur son dos et sur sa poitrine, que son corps a déjà été torturé, martyrisé et supplicié. Comme Jésus bafoué par les soldats qui, par dérision, le couronnent d'épines, Rambo est lavé à la lance à incendie sous les regards goguenards, les rires et les moqueries des policiers, puis battu à coups de matraque et à coups de pieds, abandonné sur le sol et enfin porté par deux policiers jusqu'à sa cellule. C'est seulement à ce moment que Rambo se rebelle et commence sa « guerre d'un seul homme ».

Que demande John Rambo ? De l'amour ? De l'affection ? Une relation humaine (mais virile) ? Rien de tout cela, simplement la reconnaissance de son statut de héros, qu'il soit identifié comme héros authentique. Les dialogues du film reviennent instamment sur cette idée. Il est un héros, et même un héros officiel, attesté par la reconnaissance du Congrès des États-Unis, consacré par ses médailles [1]. Mais un héros amer, un héros qui aurait pu sauver le monde au Vietnam, si on avait laissé faire la valeureuse armée des États-Unis. Mais il a échoué, d'où sa tristesse, sa mélancolie, sa rancœur de voir que

---

1. Son ancien supérieur, le colonel Trautman, dit qu'il a obtenu la « Médaille d'Honneur du Congrès » pour actes d'héroïsme.

le mal est arrivé jusqu'à cette petite ville « tranquille et un peu ennuyeuse », dans laquelle son statut de héros n'est rien d'autre que l'irruption de l'autre, corps étranger, figure vivante de l'échec ; il est un héros nié, renié, barré, exclu, un spectre revenu de l'autre monde. Il n'est qu'une empreinte, héros seulement pour le spectateur. Mais vrai spectre aussi pour les autres qui ne l'identifient pas comme le héros qu'il se sait être. « Sa Médaille d'Honneur, je la lui ferai bouffer », dit le shérif. Négation, dénégation, reniement, il n'y a plus de héros, rien qu'un homme offensé, rien que des petites villes où l'on s'ennuie et qui entendent bien préserver cet état contre toute trace d'héroïsme. Une Amérique sans héros ? Le héros doit subir cette épreuve sans faiblir, sans renier à son tour son engagement, il doit être rabaissé au rang le plus méprisable avant d'offrir son corps et recueillir la gloire qui revient à celui qui a regardé la mort en face et qui n'a pas détourné son regard. La fable va son chemin sans faiblir.

L'acharnement que met le shérif à traquer le fugitif, la volonté obstinée qu'il manifeste dans son désir de tuer l'autre, porte la marque de cette idée qu'il faut écarter résolument tout ce qui peut lui rappeler son infamie, ses peurs, ses lâchetés, comme dans *Un homme est passé* (*Bad Day at Black Rock*), où le village ne veut pas que son crime soit identifié comme tel et connu de tous. Le crime, pour eux, serait de faire connaître, de porter au grand jour ce qui doit demeurer caché, non dit, occulté. Et, pour s'opposer à ce crime, ils sont prêts à en commettre un autre en sacrifiant le héros manchot venu jeter le trouble dans leur communauté enfermée dans le déni d'elle-même. Vertueuse Amérique qui dénonce héroïquement elle-même ses propres lâchetés et ses propres turpitudes. L'exclu, dit Jacques Derrida, est « [...] comme l'étranger absolu qu'on doit mettre dehors pour que le dedans de la cité, de la conscience ou du moi s'identifie en paix. Il faut chasser l'étranger pour qu'appartenance, identification et appropriation soient possibles [1]. » Le shérif, homme du ressentiment au sens de Nietzsche, est montré comme le représentant d'une humanité

---

1. Jacques Derrida, « Le Sacrifice », in *La Métaphore*, n°1, printemps 1993.

inquiète, apeurée, décadente, défaite (l'autre Amérique) et, pour cela même, vindicative, rancunière, dont même un héros tel que Rambo ne peut parvenir à éveiller la conscience des périls dans lesquels elle se jette. Le spectateur sait qu'il peut haïr cette humanité en toute honnêteté, sans remords et sans crainte : Rambo est là pour faire connaître au malheureux shérif l'identité du héros, tout en se réjouissant que, au moins au cinéma, l'arrogance, le mépris, l'injustice soient punis de la manière la plus radicale qui soit. Seul a droit à la vie celui qui s'offre à la souffrance et à la mort. L'autre, celui qui se refuse à la douleur, ne mérite qu'une mort rapide parce que l'honneur de la souffrance lui sera interdit. L'empreinte du héros ne fait pas exister le héros mais seulement son image fugitive sur un écran.

La fable est passée laissant ses traces infimes dans la conscience du spectateur...

Rhétorique de la déploration

Rhétorique de la souffrance et de la mort qui se développe sur une rhétorique du repentir, de la repentance, de l'autoflagellation et de la mortification. Le discours du film n'est pas « *memento mori* » mais ce n'est pas non plus un appel à la vie, à la tolérance, à l'hospitalité et à l'accueil de l'autre. Il sonne l'alarme, prend un ton accusatoire pour alerter du danger au devant duquel irait l'humanité parce qu'elle refuserait d'ouvrir les yeux sur ce qui la guette, sur le mal qui tient l'homme en suspens sur le vide. Annoncer le danger c'est le faire exister, c'est susciter le doute, la suspicion et la peur. Rhétorique de la déploration : accuser l'homme de dépravation c'est lui enjoindre d'avoir à se lamenter et à pleurer sur son sort.

La figure de la déploration renvoie, dans la peinture classique, à la représentation plastique du Christ mort pleuré par ses fidèles. On peut aussi la rencontrer désignant une pièce de musique comme la *Déploration de la mort de Johannes Ockegem*, motet de Josquin Des Près qui se termine par cette exhortation à la lamentation : « Et pleurez grosses larmes de l'œil / Perdu avez votre bon maître. » Nous sommes donc bien dans le registre de la déploration où il est question de pleurs, de larmes, de lamentations, de plaintes, de gémissements, de tristesse, de deuil, d'affliction, de désolation, de déchirement, de regrets... Or, *Rambo* et *Terminator 3* offrent de beaux exemples de cette rhétorique de la déploration qui sous-tend en partie le discours du film. Les premiers plans sont comme l'emblème et le modèle auquel le film tout entier devra se conformer. Rambo, le vengeur, l'ouragan guerrier, nous présente dès le début du film l'image exacte de la déploration, de la tristesse et du regret : il se lamente, avec la mère de son camarade, de la mort de ce dernier. On se souvient de cette lumière lugubre et froide des premiers plans et de la représentation de la mère et de sa fille étendant lentement leur linge, dans un décor vide, venteux, froid et désert comme un cimetière. L'ensemble du film peut être analysé sous ce même thème de la déploration, comme une lamentation sur le deuil, la perte et l'oubli, articulée par le rapport que Rambo entretien avec son colonel, Sam Trautman, comme substitut du père absent (on aura noté qu'il n'est jamais question des parents réels de Rambo). C'est bien ce vide que Rambo n'arrive pas à combler, comme le chrétien ne parvient pas à se résigner à la mort du Christ (ni même au tombeau vide après la résurrection), rejouant son agonie et sa disparition du monde dans un rituel constamment recommencé.

Il n'y a guère plus de raison de se réjouir avec *Terminator 3*, qui certes développe une rhétorique de la salvation, mais qui appuie ce discours sur le thème de la déploration non pas, comme *Rambo* sur la prédication et la lamentation, non pas sur les larmes versées sur le pauvre monde, mais sur celui de la désolation, de la dévastation et du déchirement. *Terminator 3* prophétise la fin du monde, la destruction totale. Le film nous conduit de manière inexorable vers l'anéantissement, l'engloutissement, l'enfouissement de toute vie dans la caverne obscure qui clôt le discours. Si Terminator est une figure apocalyptique, John Connor, est, dans le film, la figure de la déploration. Le début du film le montre comme la représentation de la figure du deuil (deuil impossible de sa mère morte), de la tristesse, de l'abattement et du gémissement. Le père de John est mort lui aussi, et le père de Kate meurt devant sa fille. La déploration intime de John sur sa mère et de Kate sur son père, s'édifie en parallèle avec la peur devant les machines et l'affliction devant la destruction du monde. La fin du film clôt le cercle amorcé au début : le deuil de John aboutit, dans le tombeau où l'a conduit Terminator, à la lamentation finale sur la réduction de l'univers à cette cave obscure. La chose pourrait se dire tout autant de Batman qui, son action terminée, se réfugie dans son antre sépulcral, phénomène significatif lorsqu'on se souvient que Batman ne peut exister que par la mort de ses parents (*Batman Begins*, Christopher Nolan, 2005), mort dont il ne parvient pas à faire le deuil. Tout Batman est un discours sur cette longue déploration, sur cette plainte infinie : pleurs et lamentations, tout est tristesse chez Batman, tout le décor qui l'entoure est couleur de deuil.

La rhétorique de la déploration apparaît donc comme fondant une partie essentielle du discours du film. Le héros n'est pas porteur de bonnes nouvelles, il n'annonce pas que les hommes sont de retour au jardin d'Eden, il n'y a aucune joie (Rambo grimace mais ne sourit jamais) dans le corps du héros porteur des stigmates du désastre du monde et de la condition humaine, réduite à verser des larmes sur sa perte.

Déférence

Solliciter la déférence du spectateur suppose qu'on le convainque, qu'on l'éblouisse ou qu'on le séduise. Si le discours appliqué au héros est explicite dans le film, l'injonction adressée au spectateur est, elle, discrète, cachée, parfois énigmatique ou ambiguë. Elle prend les chemins sinueux d'une rhétorique diffuse du spectaculaire, du fantastique ou de la fête. Elle utilise, pour se travestir, les formes de l'extravagance (les capacités transformatrices de la Terminatrix dans *Terminator 3*), de l'emphase (l'armement surabondant de Rambo à la fin de *Rambo*) et de l'outrance ou du paroxysme (les facéties du Joker dans *Batman*). L'emphase au cinéma ne relève pas seulement du débordement verbal, de l'exagération et de l'enflure déclamatoire. Elle se note également par les mêmes traits d'extravagance dans le décor (Gotham City dans *Batman*), dans l'accompagnement musical ou sonore (la hauteur étourdissante de la musique, le vacarme des véhicules, le fracassant accompagnement sonore de chaque coup porté par les adversaires), et dans la gestuelle du héros, ou encore, parfois, simplement dans la posture des corps ostensiblement exhibés. La « spectacularisation » des corps appartient à la rhétorique spécifique de ces films. La plastique de Rambo de Terminator ou de Batman ne se réfère pas aux canons de la statuaire grecque mais aux résultats obtenus grâce au « *body building* » (le bien nommé), ils ne séduisent pas par la grâce émouvante d'Apollon, à la manière d'Hercule ils imposent le respect par l'allure impressionnante des lutteurs de catch ou des joueurs de football américain donnée aux héros, suscitant une déférence qui prend la forme de la soumission devant la force. Rhétorique de l'attente et de la suspension : les actions du héros sont elles aussi lourdement annoncées et fortement appuyées par les effets optiques, par les lumières, par les couleurs violentes, par les effets sonores. On attend l'explosion promise et on sait que Rambo, Terminator, Batman et Spiderman vont se mettre en action, utiliser leur extraordinaire pouvoir de destruction (Rambo ou Terminator) ou d'élimination des forces du mal (Batman ou Spiderman). Et, lorsque l'action se produit sur l'écran, sa représentation utilise les figures de la grandiloquence visuelle et sonore comme lorsque Rambo, dans le fracas des armes et dans une lumière crépusculaire, entreprend de détruire tout ce qui se présente à sa vue ou lorsque Terminator, agrippé au camion conduit par la Terminatrix, voltige au bout de la flèche de la grue qui, dans son balancement, et sous un éclairage d'explosion nucléaire, ne peut empêcher son adversaire de raser tout ce qui se présente sur son passage.

D'un côté, tout film appelle le spectateur à la déférence, de l'autre, la déférence du spectateur à l'endroit du film est une des conditions d'existence et de crédibilité de la représentation filmique. La déférence est requise dans toute croyance religieuse et dans toute transmission du savoir comme dans toute relation à l'œuvre d'art (l'œuvre d'art ne peut être dite telle qu'à la condition de susciter la déférence). Ce que certains appellent la « déférence sémantique » implique la confiance attribuée aux termes de la langue, que celle-ci soit banale ou spécialisée, de même que ce que nous pourrions appeler la « déférence iconique » s'appuie sur la croyance en la loyauté de l'image. Par contre, la déférence accordée à la parole du locuteur, à la validité des termes utilisés ne peut s'effectuer que par le moyen de la déférence pour l'expertise de celui qui parle (autrement désigné sous le terme de « dépendance épistémique »). La déférence, « considération très respectueuse que l'on accorde à quelqu'un » (dictionnaire *Robert*) en raison de son autorité morale, de son savoir ou de son pouvoir est un comportement fondateur de toute communication et de toute relation sociale. La déférence est ce à quoi le film fait appel pour établir sa légitimité en tant qu'œuvre d'art. Or, les films dont il est question ici, ne prétendent pas au statut d'œuvres d'art, ce sont des produits analogues à tous les produits dont la consommation n'est possible que par déférence pour celui qui les fournit et en raison de la loyauté supposée du produit. Le film comme produit est donc aussi dans cette relation. Toutefois, sollicitant la déférence, il ne peut exhiber ni autorité morale, ni savoir attesté, mais seulement le pouvoir de fascination des images.

Déférence iconique obligée devant ces effets qui masquent le discours sous la profusion et les excès de ce que le spectateur est invité à voir et à entendre. Le film réclame la déférence du spectateur ébloui par la puissance développée par ces héros indestructibles et surtout par la capacité des images à satisfaire les désirs les plus extravagants en réalisant ce qui dépasse forcément l'imagination.

Le corps de cinéma

Figures de l'incrédulité

Or le héros est celui qui détruit, qui ruine, qui anéantit ; il agit toujours par violence ou par ruse. Il est celui qui dit non, il est cet homme du négatif, de la négation préalable, avant d'être, par son corps agissant, le représentant le plus éminent du discours performatif : il dit ce qu'il fait et il fait ce qu'il dit. Non l'homme du ressentiment, mais l'homme qui annonce l'avènement de l'homme nouveau et qui exige la mort du vieil homme. Et, ce faisant, il suscite le doute, le soupçon, le scepticisme et l'incrédulité.

Le sacrifice du héros passe donc nécessairement par l'épreuve de l'incrédulité. Lui qui se présente comme médiateur d'une vérité supérieure, dispensateur d'une lumière éblouissante, doit affronter non seulement les ennemis de l'humanité mais l'incrédulité de ceux auxquels il apporte l'espoir du salut éternel et l'orgueil d'appartenir à la nation élue. Il doit donc, avant tout, accepter d'être le bouc émissaire, ce messager porteur de mauvaises nouvelles et, pour cela, se préparer à être sacrifié et mis à mort. Crédulité et incrédulité s'inscrivent dans le discours religieux là où il est question de foi ou d'incroyance. L'incrédule c'est celui qui doute, qui demande des preuves, qui veut voir de ses yeux, entendre de ses oreilles, toucher de ses doigts. C'est aussi celui qui refuse la médiation du médiateur, qui ne veut pas du discours rapporté : l'incrédule est l'homme du soupçon.

Le couple annonce-incrédulité est, par conséquent, une constante obligée du discours du héros. Lorsque les mots sont impuissants à convaincre, c'est le discours du corps qui supporte l'épreuve : le pauvre corps du héros pourra-t-il, seul, affronter ces puissances maléfiques pour faire la démonstration de la véracité de son discours ? Comment saurait-il s'interposer, faire écran de son corps pour détruire et anéantir les puissantes forces qui, en attaquant les États-Unis, menacent l'humanité tout entière ? La figure de l'incrédulité a pour fonction de dire

Le corps de cinéma

l'ampleur de la tâche qui l'attend [1]. Elle n'est pas un simple artifice de rhétorique et de mise en scène, elle est constitutive du discours du héros ; elle atteste que ce que fait le héros est la trace indéfiniment retracée du partage de l'humanité entre le haut et le bas, la lumière et les ténèbres. Elle est le signe de la nature insensée de sa tâche et l'indice qu'il faut au héros une force de caractère hors du commun, un corps capable de surmonter ses propres craintes, une hardiesse qui le fait aller au-delà de la peur, au-delà du tremblement de la chair et accepter le sacrifice suprême (et sublime) de son corps. Cependant, ces manifestations de l'humain dans le héros ne se trouvent ni chez Rambo, ni chez Terminator, ni chez Batman ou Superman, précisément en raison du fait qu'ils sont soit, comme Rambo, des guerriers formés de telle sorte qu'ils ne se posent aucune question sur la finalité de leur action, soit parce qu'ils sont d'origine quasi magique (Spiderman) ou extra-terrestre (Batman, Superman). De ce fait, il n'y a, chez eux, aucune fragilité, aucun doute, aucune incertitude quant à la finalité de leur action. Ce type de héros, dans sa représentation, paraît appartenir à la catégorie du sublime parce qu'il s'inscrit dans un discours moral sur le devoir comme impératif catégorique : il tient un discours qui se veut universel. Le héros se présente comme l'idéal qui doit guider l'humanité et comme l'archétype d'une humanité libérée, prenant en main son destin et surpassant à la fois les forces de la nature et les puissances surnaturelles et, pour cela, convaincre les incrédules. Mais le

---

1. Cette structure narrative n'est certes pas propre au film présentant les super-héros Rambo, Terminator ou Superman, elle met en scène le corps aussi, entre autres, dans le western. Dans *L'homme qui tua Liberty Valance* (*The Man who Shot Liberty Valance*, John Ford, 1962), dans lequel l'incrédulité est fondée sur l'aspect fluet du corps de James Stewart opposée à la massivité du corps de John Wayne et à la brutalité du corps de Lee Marvin. Ou encore dans *Rio Bravo* (Howard Hawks, 1958), où tout se joue dans l'opposition des corps, celui de Dean Martin, ivrogne au corps déchu, celui de Ricky Nelson, jeune et tendre, celui de Walter Brennan, vieux et boiteux, celui de John Wayne, toujours aussi massif et inébranlable, tous ces corps formant une étrange équipe suscitant l'incrédulité quant à sa possibilité de vaincre les corps anguleux du clan Burdette (les voyous ont rarement, à Hollywood, un nom à consonance anglo-saxonne).

spectateur, celui à qui s'adresse le discours du film, n'est pas incrédule, il n'appartient pas au peuple mécréant qui se refuse au héros, il est au contraire dans un régime de croyance, durant le temps qu'il est dans la salle de cinéma.

La rhétorique de l'incrédulité a pour fin de signifier que le héros appartient à un univers autre, différent, étranger. Étrangeté du héros qui engendre soit le rejet (Rambo), soit la fascination (Batman), mais toujours l'écart et la distance. Très souvent, la figure de l'incrédulité se présente comme un déni du message de l'autre. Le héros annonce, prédit, prophétise, anticipe ce qui va se produire, et se heurte à l'incrédulité de ceux à qui il veut faire partager ses craintes ou ses prémonitions. Dans *Terminator 3*, c'est Kate Brewster qui incarne la figure de l'incrédulité : elle ne croit pas ce que lui dit John Connor lorsqu'elle le trouve dans sa clinique vétérinaire, elle ne le croit pas non plus lorsqu'il lui dit que Terminator ne peut être tué (ce qu'elle essaye de faire malgré cet avertissement), elle ne croit pas Terminator lorsqu'il dit que John est le chef de la résistance mondiale, ni lorsqu'il lui annonce qu'elle aura des enfants avec John et qu'elle deviendra à son tour chef de la résistance. Enfin, elle ne croit pas que son père soit le responsable de Skynet dont le dérèglement provoque toutes ces catastrophes, etc. Structure narrative qui se rencontre aussi dans d'autres types de films : dans *Le Jour d'après* (*The Day After Tomorrow*, Roland Emmerich, 2004), conformément au modèle canonique de cette catégorie, Jack Hull, climatologue, annonce les effets à venir de la fonte de la calotte polaire, et rencontre la défiance et l'hostilité générales [1]. Dans *Rambo*, c'est le shérif Bill qui représente l'incrédulité : il ne croit ni ce que dit Rambo ni ce que dit le colonel Trautman [2],

---

1. Il s'agit ici d'un autre type de héros que celui auquel est consacré cette analyse. C'est le héros « ordinaire » de l'homme de science ou de savoir qui se heurte au refus ou au déni de la part de ceux qui privilégient leur intérêt économique ou leur position sociale à la sécurité de leurs concitoyens. On en aura un autre exemple, parmi beaucoup d'autres, dans *Les Dents de la mer* (*Jaws*, Steven Spielberg, 1975).
2. Dialogue entre le shérif Teasle et le colonel Trautman :
Teasle : Are you telling me that 200 of our men against your boy is a no-win situation for us ?

il ne croit pas aux craintes de ses adjoints, il ne croit pas que Rambo soit un héros, ni qu'il ne puisse le capturer et le tuer. Obstiné dans son scepticisme, il ne croit pas aux capacités destructrices de Rambo même lorsqu'il voit sa ville en flammes. Son obstination dans l'erreur va avoir des effets meurtriers. Il est la figure du mauvais Américain, celui qui non seulement refuse d'être le héros que doit être tout Américain mais, en outre, il dénie à tout autre la qualité de héros. Incrédulité obstinée et aveuglement : il ne croit pas à l'héroïsme, il ne voit pas le héros. Pour lui n'existe que la médiocrité de sa vie transcendée en modèle pour l'humanité. Dans ce film le mal est donc dans le doute, dans le manque de foi de ceux qui se contentent de leur vie paisible et refusent de voir le destin magnifique des États-Unis, nation que Dieu a donnée à l'humanité pour son salut. Toujours le haut et le bas, le super-héros contre l'homme amolli par la banalité ennuyeuse dont les Américains doivent se défaire. Le super-héros se présente comme modèle d'une humanité en train d'advenir.

C'est donc de la croyance qu'il est question au travers de cette représentation de l'incrédulité. Une croyance qui doit être aveugle, totale, faute de quoi le désastre annoncé est inévitable (*Rambo*) ou bien déjà derrière nous (*Terminator 3*). Le héros est celui qui doit détruire toutes les anciennes croyances, celui qui abat les vieilles idoles et annonce la nouvelle ère. Ce que demande le héros ce n'est pas que nous fassions preuve d'abnégation mais que nous renoncions à toute pensée autre (qui signifie le rejet de tout ce qui est « *unamerican* »). Renoncement qui signifie aussi l'exclusion de tout discours autre que celui du héros. Dogmatisme implicite assené avec une grande force et un énorme déploiement de moyens. Aveuglement, renoncement et exclusion sont donc les figures marquantes du discours adressé par ce type de héros aux misérables humains que nous sommes. Ce qui revient à dire : humiliez-vous devant la puissance du héros, résignez-vous à votre indignité, confiez-vous totalement à lui. Prédication,

---

Trautman : You send that many, don't forget one thing.
Teasle : What ? !
Trautman : A good supply of body bags !

prophétisme, discours religieux dans la plus ancienne tradition judéo-chrétienne, qui laissent ici leurs traces en évidence.

Se heurter à l'incrédulité, affronter les sceptiques signifie que le héros va devoir endurer l'épreuve jusqu'à son terme pour « ouvrir les yeux et les oreilles » de ceux qui doutent encore et, pour cela, mettre sous leurs yeux son corps ensanglanté, meurtri, martyrisé ; il lui faudra leur faire entendre ses cris de douleur et de désespérance, exalter son sacrifice. Ce qui nous renvoie au plus profond du discours évangélique. Évangéliser c'est annoncer la bonne nouvelle, c'est dire que Dieu a envoyé un Sauveur aux hommes, à ceux qui ne connaissent pas la vérité, à ceux qui sont timorés et irrésolus. Le héros est bien l'homme de la destruction et de l'anéantissement parce qu'il somme les hommes de quitter le vieil homme qui est en eux pour accueillir l'homme nouveau, de se dépouiller de leurs biens terrestres pour ne penser qu'aux biens célestes qu'il leur promet, d'abandonner les valeurs auxquelles ils adhéraient pour laisser la place aux ardeurs guerrières. Le héros américain peut sauver l'humanité d'elle-même et de ses ennemis, mais il doit d'abord persuader les indécis, les sceptiques, ceux qui doutent et qui s'interrogent, puis éliminer par la force, par la violence armée, ceux qui ne veulent pas se laisser convaincre, ceux qui font preuve d'obstination dans l'erreur et ceux qui voudraient détruire le monde.

On voit bien où se situe la contradiction que ces films tranchent brutalement puisqu'ils ne s'agit pas de restaurer la foi en l'homme. Il s'agit, au contraire, de tenir pour intangible cette vérité : l'homme est perverti, rongé par le mal. Le seul homme du film est le héros dont la tâche sera non pas de sauver toute l'humanité mais seulement les élus, au prix de la destruction de tous ceux qui n'ont pas été touchés par la lumière divine (c'est-à-dire, encore une fois, tout ce qui est « *unamerican* »). *Terminator 3* pousse cette logique jusqu'à son délire.

Le corps prophétique

Le héros prophétise, c'est sa fonction et sa mission. La rhétorique de la prophétie est emphatique, sentencieuse et emportée ; elle émane d'un personnage qui est lui-même visité par cette parole qui ne lui appartient pas et qu'il doit seulement restituer aux autres ; il en est le messager et le support, l'oracle et l'augure. La prophétie suppose donc un personnage tenant un discours lourd de sens, en partie secret, énigmatique ou caché, entendu par ceux à qui il l'adresse comme une menace ou une espérance parce qu'ils y trouvent l'écho solennel de la parole divine qui y est contenue. Le discours prophétique concerne un autre temps que le présent, un temps différent, sans date, sans bornes mais inéluctable ; il est généralement dévoilé dans une proclamation âpre et véhémente.

Comment le corps, chair muette, pourrait-il prophétiser ? Prophétiser c'est faire entendre la volonté des dieux dont on est l'interprète, c'est faire entendre la voix céleste, c'est donc faire voir par des images et des métaphores, c'est laisser imaginer ce qui n'est pas encore mais qui se produira fatalement. Le corps est présent dans la parole, il en est la chair et la matière. Mais, contrairement à la parole, le corps ne se contente pas d'évoquer, de laisser penser, de laisser entendre, il est là, présent, dense et compact. Le corps cinématographique, lui, n'a pas la densité de la présence réelle. Il est seulement corps figuré, absent, simple représentation, il fonctionne comme signe. Signe visuel tout aussi allusif que la parole, et qui fait de lui le porteur de la promesse, cet autre qu'il aspire à être et qu'il nous invite à voir comme ce qui doit advenir forcément.

Le corps prophétique c'est donc le corps promis à... De quelle promesse est-il le signe ? De la résurrection des corps ? De la vie éternelle ? Le prophète est bien celui qui, dans son discours, annonce le futur ou l'absence de futur, qui promet ou qui menace, qui laisse espérer ou qui afflige. Mais le corps réel n'existe qu'au présent et dans la présence. Le corps du héros ne peut donc être prophétique qu'à la condition d'abolir le temps du monde pour alléger un autre temps, un temps qui se contracte ou se dilate selon la volonté du héros ou de celui dont il est le porte-parole, comme il annihile l'espace et la pesanteur. Si le corps du héros est un corps prophétique, c'est dans le sens où il proclame, en nous la donnant à voir, l'apparition imminente du corps de l'humanité à venir ; il réclame ardemment la mortification du corps présent, sa souffrance inévitable, son sacrifice obligé, son expiation et donc sa disparition.

Il y a certainement, dans cette proclamation, la prédiction d'une résurrection à défaut de laquelle tout ce discours se réduirait à prédire la mort et le néant. Prédire c'est annoncer, anticiper ce qui va nécessairement se produire, c'est proclamer ce qui vient, ce qui n'est pas encore mais qui adviendra inéluctablement. Si le héros meurt c'est pour renaître aussitôt, laissant entrevoir la promesse de la vie éternelle et de la résurrection des corps. Films crépusculaires dans lesquels le mal, comme le héros lui-même, renaît perpétuellement de ses cendres. D'ailleurs, Terminator ne figure-t-il pas celui qui doit venir : l'homme de demain, sans chair, sans mémoire, dépourvu d'émotions, privé de liberté, indéfiniment renouvelable, remplaçable par n'importe quel autre individu de même nature, chaque fois semblable et chaque fois différent [1] ? Le corps prophétique annonce cette venue prochaine du jugement dernier. Le corps désarticulé de Terminator ou les corps déchiquetés par Rambo nous disent la terreur qui nous attend, la fin annoncée, si proche qu'elle nous atteint déjà puisque le film dénonce une humanité faible et corrompue pour avoir oublié le sens des valeurs. Apocalypse ne laissant subsister que Rambo en clone de lui-même ou, dans *Terminator 3*, provoquée par des machines devenues folles, broyant les corps dans une hécatombe ne préservant que ce couple mal formé, John Connors et Kate Brewster, métaphore première destinée à nous laisser supposer qu'étant les derniers survivants d'une humanité défaite, ils sont aussi, nouveaux Adam et Ève, les premiers d'une humanité à venir. Le corps de Rambo, tout aussi artificiel que celui de Terminator, relève de la même analogie, l'un et

---

1. Dans *Terminator 3*, Terminator, semblable à ce qu'il était dans le premier film, bien qu'un peu usé et dépassé par la technologie de la Terminatrix, ne se souvient pas de ce qu'il a fait lors de sa première visite chez les humains.

l'autre appartiennent à cet avenir catastrophique qui nous est annoncé et dont nous voyons sur l'écran la réalité figurée comme un réel inauthentique et monstrueux. Corps « *bodybuildé* » et corps mécanique et électronique sont là, présents et absents sur l'écran, devant nos yeux émerveillés pour nous dire que ce qui nous attend c'est ce corps-là ou l'anéantissement. Prophétie apocalyptique dans l'un et l'autre cas. Mais le corps du super-héros ne peut promettre rien d'autre que cette chair mécanique (Terminator) ou cette mécanique allusive (Rambo).

Il n'y a, dans ces films, aucune innocence. *Terminator 3* aussi bien que *Rambo* ne disent rien d'autre : tous doivent mourir pour que le dernier juste puisse, seul, régénérer l'humanité exténuée et déjà agonisante. Nous sommes alors au fondement même de la prophétie, à l'aube de la destruction totale et du renouvellement, au premier jour de la naissance de l'homme, c'est-à-dire de la faute, de la chute dans le monde, de l'exil hors du jardin d'Eden. Et donc aussi au point exact où commence la mémoire, où s'enracine le souvenir de ce qui a été perdu à jamais, où prennent naissance le regret, le remords, la conscience de la faute et de la culpabilité. La conscience aussi du corps fautif, de l'attrait mortel de la chair.

Alors Terminator n'aura plus de chair et plus de tentation de la chair... et Rambo sera tenu éloigné de toute chair tentatrice dans un récit d'où toute présence féminine est définitivement exclue.

Le corps infrangible

Le corps est la mimésis du film, toute la diégèse du film se concentre dans le corps glorifié du héros, avec l'idéologie dont il est le messager. Rien ne s'inscrit dans ce corps qui n'y ait déjà été inscrit ; le corps du héros est toujours là avant le film. Le corps de Rambo est un corps rhétorique, il est à la fois l'embrayeur du récit et la totalité des récits qui s'y rapportent : il ne raconte rien, dans le cours du film, qui n'ait déjà été raconté par son corps dès la première image et même dès avant la première image. Et il en est de même pour chacun des super-héros du cinéma hollywoodien. Le film ne fait que rouvrir et recouvrir la signification dont le corps est l'empreinte et la trace, il ne peut que reprendre une rhétorique éprouvée et parfois usée.

Le corps du héros ne se partage pas, il doit demeurer intègre, entier, même si quelques héros ordinaires (pas des super-héros) ne répondent pas à ce critère : le héros manchot de *Un Homme est passé*, le héros aveugle de *Daredevil* (Mark Steven Johnson, 2002) ou de *Vengeance aveugle* (*Blind Fury*, Philip Noyce, 1989) ou encore *Zatoichi* (Kateshi Kitano, 2003) ou enfin (bien qu'elle ne soit qu'une fausse héroïne aveugle) dans *Le Secret des poignards volants* (Zhang Yi Mou, 2004). D'une manière générale le corps du héros ne peut être altéré au point qu'il ne puisse conduire sa mission jusqu'à son terme, même si son image est fragmentée et morcelée par les cadrages et les décadrages.

Comme tout symbole le corps du héros est ce qu'il est de manière pérenne, il n'appartient pas à ce qui est éphémère, temporaire et périssable puisqu'il est la fable et le mythe. Infrangible et partagé, le corps iconique fonctionne à la fois comme métaphore et comme synecdoque. Si infrangible a pour sens (*Robert*) : « qui ne peut être brisé, détruit, rompu », partager recouvre deux significations : d'une part diviser, disjoindre, diviser et, d'autre part, donner, répartir, distribuer à chacun un élément de ce qui a été morcelé. Il faut prendre en compte, concernant l'architecture du récit, cette construction en miroir où le corps du héros est, à la fois, impartageable et partagé. Sur le plan rhétorique cela signifie que le corps du héros est en lui-même récit (impartageable), et distribué métaphoriquement par parties sur les séquences du film comme on peut le voir dans *Rambo* dans la fragmentation des cadrages : le regard et la main (la compassion), le dos (la patience), les pieds qui marchent (l'obstination), les pectoraux (la révolte), etc. Il est insécable, parce qu'il doit conserver son intégrité tout au long du récit ou la retrouver à la fin pour que le récit aille à son terme et puisse se poursuivre dans le prochain épisode. Il ne peut être morcelé, réparti, dispersé, disséminé ou anéanti qu'à la condition d'être toujours entier ou de retrouver son intégrité. Le héros ne peut pas perdre une partie de lui-même car cela aurait pour sens corruption et altération de son corps et signifierait, symboliquement, altération de son être de héros, mais aussi fragmentation et éparpillement irrécupérable du récit.

Néanmoins, il faut bien constater que le corps du héros n'est ce qu'il est qu'à la condition qu'existe aussi son double, un double qui est comme son envers et la marque de son excellence. Tout se passe comme si le corps infrangible du héros n'existait que par cet autre corps (virtuel) qui est aussi son corps, ce dont il ne peut être séparé. Rambo est ainsi ce qu'il est grâce au corps du shérif Teasle. L'un et l'autre appartiennent à la même espèce, ils raisonnent de la même façon, agissent avec la même brutalité et manifestent la même obstination aveugle... Ils tiennent ensemble le discours du film. Il y a entre eux une réelle proximité, ils se reconnaissent d'emblée, ils sont semblables malgré leur différence. Il n'y a entre eux aucun écart, l'écart supposerait la distance, le déplacement, l'interstice, l'entrebâillement, un rapport distendu. Rien de tout cela entre le héros et son double inverse mais, au contraire, complicité, proximité et promiscuité. L'infrangibilité du corps du héros ne peut se penser que sous la catégorie du double. Le phénomène est encore plus évident dans *Terminator*, puisque Terminator et Terminatrix ont même origine, sont « fabriqués » de façon semblable, avec les mêmes éléments et ont un mode de fonctionnement identique. Temps et éternité, temps et histoire entrent dans une formidable collision : Terminator est l'être originel, porteur du glaive de la vengeance et messager de la loi et de la justice ; la TX est déchue parce que tardive, produit d'une histoire toujours soumise à l'altération et à la corruption, alors qu'ils sont terriblement contemporains tout en n'appartenant à aucun temps terrestre, ils sont des figures de l'éternité. La même remarque pourrait s'appliquer à la plupart des films où apparaît le super-héros : Batman et le Pingouin, Spiderman et le Docteur Octavius (celui-ci étant, comme Spiderman une araignée). Sur le plan rhétorique ce corps double fonctionne sur un régime de strictes oppositions terme à terme et selon un parallélisme infaillible. Incréés ils ne peuvent périr ; ils ne donnent au film qu'une parcelle de leur éternité.

Messager, le corps du héros est inséparable du message : il n'y a de message que porté par le corps du héros et il n'y a de corps du héros qu'à la condition qu'un message ait à être annoncé. Le corps du héros comme corps du message constitue l'essence du film. Le message c'est le héros. Si l'homme est séparé de la loi, dans la mesure où celle-ci lui est soit donnée par une volonté transcendante soit imposée par la force, il n'en est pas de même pour le héros qui est à lui-même sa propre loi ; loi dont il est inséparable et dont il formule lui-même, par son action, les principes et les termes. Il ne connaît pas la loi à laquelle les hommes sont soumis ; il est, lui, l'insoumis à la règle humaine, il doit soumettre l'humanité à sa loi ou à la loi dont il est le messager et le prophète. Il jouit d'une liberté telle que la rêve l'humanité : ne connaître aucune loi autre que celle que l'on se donne à soi-même, être à la fois homme, oiseau, insecte, animal féroce et félin affectueux…

Infrangible, incréé, éternel, le héros traverse l'espace et le temps en conservant son intégrité et en se maintenant dans un état de jeunesse permanente. La fable, commencée bien avant le film, se poursuit bien après.

Rhétorique de l'artifice

Toute image est un artifice et tout film un discours artificieux qui peut se réclamer de l'art. L'artifice est un discours. Comme tout discours il est une adresse à l'autre. Comment faut-il l'entendre ? L'artifice est un art, une manière de faire, une production de sens qui a sa rhétorique propre. Mais une production de sens comme leurre du sens ou comme détournement du sens. Le maquillage, comme le déguisement, appartient à une rhétorique artificieuse servant à masquer la nature réelle de ce qui est ainsi caché, retiré de la vue, tout en se présentant comme la vérité de la chose. Ambiguïté de l'artifice : les « artifices de la beauté » peuvent aussi bien rehausser la beauté qu'en dissimuler l'absence. L'artifice est un moyen qui met en œuvre l'habileté à tromper, à déguiser la vérité. Comme le jeu avec l'apparence qui est tout l'art du prestidigitateur, abusant le regard avec les différentes formes de l'apparaître, l'artifice est un art de la disparition, une manière de tenant-lieu, une présence absente, une empreinte. Il tient, en partie, du stratagème en cela qu'il est manège, mensonge, piège ou subterfuge. Il participe donc à la séduction par le moyen de la parole ou de l'apparence (de l'image). Mais il n'est, ontologiquement, qu'apparence, il ne peut être autre. Le héros auquel nous nous intéressons, ne peut montrer que cette apparence trompeuse de lui-même, son image, c'est-à-dire son absence.

L'artifice du corps participe à l'aura du héros, à son caractère charismatique en préservant, dans la diégèse, le mystère de ce qu'il est. Mais l'artifice se poursuit à l'endroit du spectateur puisqu'il laisse croire à celui-ci qu'il est dans la confidence, donc dans la vérité. Redoublement de l'artifice dans la mesure où cette révélation faite au spectateur quant à l'identité et à l'être vrai du héros n'a d'autre fin que de lui cacher cette autre vérité, cette véritable fin qui conduit le discours artificieux, visant à faire oublier, sous la fantasmagorie du discours, la vérité de l'artifice : dans le film, l'artifice seul est vrai. La séduction qu'exerce le héros par son apparence et par sa parole, sidère certes le spectateur, mais la rhétorique de l'artifice ne s'en tient pas là, elle articule les éléments les plus captieux dans une dramaturgie éculée : exposer la pauvre victime innocente, décrire le dévouement du héros, souligner son abnégation, mettre l'accent sur l'oubli de soi, offrir son corps au spectacle au prix des pires blessures, relever sa souffrance physique et morale, alimenter du sang versé la commisération du spectateur. Et, dans le même mouvement, caractériser la noblesse du sentiment, relever le défaut de haine dans ses paroles, persuader de l'absence, chez le héros, du désir de vengeance mais seulement de son besoin de justice (sauf, naturellement, chez Rambo qui lui, au contraire...), comparer son refus de la gloire (le héros disparaît sitôt son exploit accompli, il se retire dans l'ombre et dans le secret...) à l'exhibitionnisme spectaculaire de son adversaire.

Si la parole artificieuse est un procédé dramaturgique qui n'est pas spécifique au cinéma, il est fréquent au théâtre (Iago dans *Othello* a cette manière de faire passer pour vrai ce qui n'a jamais été tel), il n'y a assurément pas, dans ces films, un discours de même nature : le cinéma n'est pas le théâtre et nos héros usent d'une rhétorique gestuelle plus qu'ils ne parlent. D'où la nécessité de faire parler le corps et de faire parler le corps en action. Où est l'artifice ? Le corps ne nous est-il pas donné, parfaitement visible et ses actions comprises immédiatement ? Le geste est là pour subvenir au défaut de parole même si celle-ci est présente dans la bouche du Joker ou de Nygma, par exemple, mais aussi dans celle de Terminator lorsqu'il fait croire à John qu'il aura la possibilité de sauver le monde alors qu'il le conduit dans l'abri dont il ne pourra plus sortir ou dans celle du colonel Trautman lorsqu'il amène Rambo à renoncer à sa vengeance pour le conduire aux larmes et au souvenir du deuil de ses camarades. Le geste participe donc à l'artifice, il peut être feint, dissimulé comme l'obséquiosité du shérif Teasles ou masqué comme la fausse timidité de Rambo.

La rhétorique de l'artifice se déploie donc selon plusieurs strates : le corps, la parole, le décor, la musique et les bruits, le récit. Tout art est artifice (qui pourrait en nier l'évidence ?), n'oublions pas que c'est cet artifice que Platon refusait en rejetant l'art hors de la Cité. Reconnaître l'art comme artifice, ce n'est pas en dénoncer la duperie, c'est reconnaître la capacité de l'artiste à produire du sens par ses moyens propres. Tout art consiste à faire paraître ce qui n'est pas, ce qui, peut-être, n'a jamais été ou a été autre. Mais ce n'est pas de cet artifice destiné à produire une œuvre, c'est-à-dire du sens, qu'il est question ici. Au contraire, il s'agit d'utiliser l'artificialité du cinéma pour masquer le sens et pour dissimuler la signification. Il y a dans ces films comme une sorte de trahison à l'endroit de l'attente du spectateur ; la fiction du film, le charme de la fable, deviennent des pièges dans lesquels vient s'engluer son besoin d'évasion.

Le corps robotisé de Terminator

C'est dire que le héros doit montrer à tous, exhiber ostensiblement, sa vulnérabilité en même temps que son invincibilité. Terminator lui-même, tout robot et tout artificiel qu'il soit, et tout insensible aux souffrances du corps, étale en pleine lumière les marques sacrificielles affichées sur son corps électronique et métallique (mais recouvert d'une couche de chair, ce qui permet de faire apparaître, sur ses blessures, un saignement signifiant : il ne saurait y avoir de sacrifice sans que le sang ne soit répandu). Il est comme l'Ange de l'Apocalypse de Jean que Dieu « envoya [...] pour faire connaître [la révélation] à Jean » parce que « le Temps est proche » (Apocalypse de Jean, 1, 1). Dans les trois *Terminator* le héros se sacrifie (avant de revenir dans l'épisode suivant égal à lui-même), soit pour anéantir les machines destructrices (*Terminator*), soit pour empêcher que les forces du mal ne parviennent à les reconstituer. Prestige de la fable : le spectateur sait parfaitement que le héros ne peut pas mourir et qu'il sortira de la presse hydraulique qui l'écrasait ou du métal en fusion dans lequel il était plongé ou encore de la porte de l'abri atomique qui l'avait anéanti, pour renaître afin de se porter, une nouvelle fois, au secours de l'univers menacé de destruction. Fiction, le film doit instaurer un régime de croyance afin de susciter l'adhésion en s'appuyant, non pas sur une vraisemblance introuvable, mais sur le caractère fictionnel de la fiction elle-même.

Là où l'homme ne peut plus lutter, le robot s'interpose et assume la tâche qui lui est impartie. Le robot est alors un substitut du corps ; il occupe l'espace et investit le temps du corps, il prend sa place et finit par en occuper tout le territoire [1]. Mais il est aussi l'infamie et l'abjection du corps, sa stigmatisation : il désigne le corps de chair comme inapte à répondre efficacement aux défis des machines ; aboutissement

---

1. Dans *Terminator 3*, Robert Brewster, l'inventeur de Skynet, prévient ses supérieurs : « Skynet contrôlera votre armée [...] il est le virus qui attaquera les hommes ».

d'un corps inaccompli, il est peut-être son destin. Le corps est défait par la présence du robot qui en fixe les marques, les insuffisances et, fatalement, l'ignominie ; le robot comme corps supérieurement prometteur, supérieurement intelligent (Skynet, la machine consciente), infiniment plus résistant, plus ferme dans ses décisions, plus constant dans ses comportements, possède des organes perpétuellement renouvelables, quelque chose comme l'éternité... Le robot signe bien la mort du corps. De fait, dans la fable, contrairement à l'exergue placé au tout début du film [1], le destin du monde échappe totalement aux humains, il est décidé par des machines sur lesquelles les hommes ont perdu tout contrôle. Le sort du monde est entre les mains d'une autorité située hors du monde, dans un autre temps, dans un temps futur mais qui aura régressé jusqu'à un état d'extrême sauvagerie contre les hommes. Autre temps pour un autre Dieu qui créerait un autre monde dont l'homme serait exclu. Le film proclame ainsi la disparition de l'homme, son effacement. « On veut, dit Heidegger, comme on dit, "prendre en main" la technique et l'orienter vers des fins "spirituelles". On veut s'en rendre maître. Cette volonté d'être le maître devient d'autant plus insistante que la technique menace davantage d'échapper au contrôle de l'homme [2]. » Cette frayeur est incontestablement présente dans le film mais sous une forme différente : le robot ne nous est pas présenté comme un simple objet technique, ni même comme une machine ayant échappé au contrôle de son inventeur (comme Frankenstein), mais comme un substitut de l'homme. Cette substitution, qui annoncerait la disparition de l'humanité, est proclamée terrifiante. Heidegger pose cette peur comme ayant son fondement dans ce qu'il désigne comme un *oubli* : que l'homme, en tant qu'il est cet être appelé à provoquer la nature par le moyen de la technique, ne peut y rencontrer que lui-même. Ayant perdu la mémoire de sa propre présence dans les machines qui l'angoissent, il en vient à croire à l'existence d'une puissance créatrice extérieure à lui-même, transcendante.

---

1. « L'avenir n'est pas écrit. Il n'y a de destin que ce que nous faisons. »
2. Martin Heidegger, « La question de la technique », in *Essais et conférences*, p. 11.

Le corps de cinéma

La peur des machines ne serait donc que la lourde métaphore de la peur des hommes en face d'eux-mêmes lorsqu'ils s'alarment de leur propre puissance. La machine fonctionnerait comme une sorte de miroir dans lequel les hommes ne supporteraient pas de se voir comme ils sont. En attendant, selon le discours du film, plus le monde devient technique, plus il devient opaque et plus il échappe à la maîtrise et à la compréhension du commun des hommes ; il devient le privilège d'une élite seule capable d'en comprendre le fonctionnement et d'en recueillir les effets.

Or, si dans la technique, l'homme préfère poser son regard sur l'objet pour y contempler le reflet de sa puissance, de sa capacité à donner naissance à une œuvre ou à un objet, et réaliser ainsi une représentation de son génie propre, il est tout aussi rempli d'effroi par ce pouvoir. Les Américains des États-Unis ont ainsi conscience de leur puissance et de leur domination sur le monde en contemplant et en admirant leur capacité à produire d'aussi belles machines [1], tout en tenant un discours édifiant sur la déshumanisation qui en résulte. Cependant, comme cela ne serait pas suffisant pour justifier leur droit moral à gouverner universellement l'esprit des hommes, ils soumettent cette revendication à l'idée d'un commandement supérieur : Dieu a confié aux États-Unis la tâche de diriger le monde et à ses héros le soin de le représenter.

Le Sauveur, le Rédempteur offert par le peuple juif au peuple chrétien n'a pas d'autre héritier que le héros américain. Comme son glorieux ancêtre il annonce, au prix de son propre sacrifice, non pas la bonne nouvelle mais l'apocalypse, la fin du monde, le jugement dernier, la domination implacable des

---

1. Martin Heidegger : « Jusqu'à l'époque de Platon le mot τεχνη est toujours associé au mot επιστημη. Tous deux sont des noms de la connaissance au sens le plus large. Ils désignent le fait de pouvoir se retrouver en quelque chose, de s'y connaître. La connaissance donne des ouvertures. En tant que telle, elle est un dévoilement (« La question de la technique », *op. cit.*, p. 18). » La technique pensée par Heidegger est un mode du dévoilement, c'est-à-dire un mode de la vérité. Mais, alors que « le dévoilement qui régit la technique traditionnelle est une pro-duction [...] le dévoilement de la technique moderne est une pro-vocation par laquelle la nature est mise en demeure de livrer une énergie qui puisse comme telle être extraite et accumulée ».

machines sur les hommes. Le modèle n'est plus alors celui qui pardonne mais celui qui dit « je ne suis pas venu apporter la paix mais le glaive » et celui qui annonce : « qui n'est pas avec moi est contre moi » (Matthieu, 10, 34 et 12, 30). Cette fin de l'humanité terrestre laisse entendre, à ceux qui savent écouter le héros, que le temps est venu de la résurrection pour une humanité céleste. « Heureux le lecteur et les auditeurs de ces paroles prophétiques s'ils en retiennent le sens, car le Temps est proche » (Apocalypse de Jean, 1, 3). Humanité céleste dont le règne a déjà commencé dans ce monde-ci pour les élus, pour ceux qui ont compris le message (n'est-ce pas aussi le sens du mouvement *born again* aux États-Unis ?). Qui n'est pas avec le héros américain est contre les États-Unis.

Rambo est encore très humain (trop humain ?), ses blessures saignent abondamment, laissent voir l'intérieur de son corps de chair et de sang, il affronte d'autres hommes, ses semblables si différents de lui. Il faut nous arrêter un instant sur le titre, *First Blood*, intéressant en ce qu'il renvoie couramment à l'idée d'initiation, de première fois mais surtout, en ce qui nous concerne, à l'idée du sang versé, *First Blood*, signifiant, pour le jeune chasseur, recevoir sur son front, en forme de croix, le sang de la bête qui vient d'être tuée. Nous nous trouvons ici devant un ensemble de concepts qui entretiennent entre eux des relations pertinentes dans la mesure où « l'affinité [...] lie toujours le sacré au secret, et la cérémonie sacrificielle à l'initiation », dit Derrida dans *Donner la mort*[1], L'idée de « First Blood » comme initiation est donc bien liée à l'idée de cérémonie sacrificielle et, plus encore, à l'idée de sacrifice, à l'idée que le héros doit verser le sang, offrir son sang pour le salut de l'humanité[2].

---

1. Jacques Derrida, *Donner la mort*, p. 40.
2. On en trouvera un autre exemple dans Spider-Man 2 (Sam Raimi, 2004), film tout entier articulé sur la notion de sacrifice. Et, pour que le spectateur soit bien persuadé de cette idée, la tante du héros explique à Peter Parker, qui voudrait renoncer à être Spider-Man, qu'un héros est celui qui se sacrifie pour les autres, et elle ajoute qu'il y a une part de héros en chacun de nous (thème que j'ai développé dans *Américains, héros de cinéma*, L'Harmattan, 2005).

Le héros, comme le Christ, ne meurt pas vraiment. Il meurt à peine. Il meurt à la vie terrestre pour renaître à la vie éternelle. Mais il subsiste dans notre présent par sa représentation ou sous la forme d'une machine. Présence et absence, qui ne doit pas être considérée seulement comme « en effigie », donc absence, mais présence réelle, incarnation (comme l'Eucharistie qui est présence réelle et absence). Or, pour que cette incarnation ait toutes les apparences du réel, il faut que les marques de la souffrance soient parfaitement visibles sur le corps du héros, comme elles le sont sur toute représentation de la Passion du Christ. On remarquera que dans *Terminator 3*, et bien que les procédés de leur fabrication soient, en apparence, identiques, si Terminator saigne lorsqu'il est blessé, la TX, elle, dernier modèle de la technologie des robots, ne laisse apparaître aucune marque : disparition du sang qui annonce une « humanité » pour qui le sang ne sera plus qu'un souvenir lointain. En dépit de tout ce que lui fait subir Terminator, elle revient toujours intacte et résolue. Même lorsqu'elle a été plaquée sur le tunnel de l'accélérateur de particules par le champ magnétique qui lui a fait perdre son apparence corporelle, elle se reconstitue instantanément. Rêve d'éternité ambivalent puisque ces machines funestes subsisteraient seules. Et l'invention des automates, ancêtres des robots aux XVIIe et XVIIIe siècles, devient cauchemar.

La machine, l'emblème du mal et la mort de Dieu

À l'inverse de *Rambo*, *Terminator* présente une configuration où le discours du sacrifice est toujours éminemment présent mais d'où le langage du sang est absent. Le sang parle à l'œil comme à la sensibilité du spectateur, il est la marque posée par le mal sur le corps du héros mais aussi un signe ambivalent dans le langage du film : il est signe de l'expiation lorsque meurt l'adversaire du héros, et signe du martyre sur le corps du héros. Dans *Terminator*, l'antagonisme est produit par le conflit entre les machines, les pauvres hommes ne sont plus que spectateurs ou victimes de ce combat. Certes, ces machines ne sont pas invulnérables, elles peuvent être atteintes, détériorées, détruites mais elles ne souffrent jamais, elles ne sont jamais en proie au doute, à la colère, au ressentiment ou à l'affliction. Produites par les hommes, elles montrent parfois leur carcasse désarticulée par les coups mais jamais le moindre cri de douleur ne sort de leur bouche de métal. Dieu s'absente. Corps de substitution, corps substitutif, le corps du robot soit s'interpose, place sa masse compacte et opaque entre le ciel du bien et l'antre du mal, soit se trouve au service du mal, mais il ne peut qu'obéir à son corps machinique, aucune pensée du bien ni du mal ne dirige son action. Rhétorique de la disparition : le discours du corps se déplace du corps humain au corps robotique. Qui parle ainsi par ce corps mécanique sinon celui qui en maîtrise la fabrication et l'utilisation ? Le robot est porteur d'un double discours. D'une part, montrer qu'aucun pays, hormis les États-Unis, n'est en mesure de produire de telles merveilles technologiques, d'autre part signifier que, bientôt, dans un avenir si proche, le monde sera couvert, et peut-être gouverné, par des machines, les robots remplaceront les hommes dans tous les actes de la vie et même ceux qui maîtrisent la technologie la plus sophistiquée ne pourront être en mesure d'assurer leur domination sur la planète. Si l'homme disparaît c'est que Dieu est mort. Langue de la foi et du défi : confier son destin aux machines ce serait nier l'existence de Dieu, faire revenir l'Antéchrist, asseoir le royaume du mal sur le monde. Thème traditionnel de l'effroi technologique, de la peur des machines qui revient à dire au monde que, demain, aujourd'hui peut-être, ni un Rambo ni un John McClane [1] ni même un Terminator, ne pourront rien contre la puissance de ces machines venues de l'enfer ou, dans le troisième *Terminator*, créées par le super-ordinateur Skynet devenu « conscient ». Prophétiser l'apocalypse, en montrer les images prémonitoires, est propre à susciter la terreur du

---

1. Héros de *Piège de cristal* (*Die Hard*, John McTiernan, 1988), de *58 minutes pour vivre* (*Die Hard 2*, Renny Harlin, 1990) et d'*Une journée en enfer* (*Die Hard with a Vengeance*, John McTiernan, 1995), incarné par Bruce Willis.

spectateur tout en le rassurant : le héros américain est bien présent pour nous garder du désastre. On se heurte de nouveau au thème inépuisable des machines qui, construites par l'homme, échappent à son contrôle pour se gouverner seules et à leur seul profit, et vont même jusqu'à se retourner contre leurs créateurs pour en éliminer toute trace, se substituer à eux et, à leur tour, dominer le monde. Thème archi-traditionnel mais qui prend ici un ton prophétique, cataclysmique, apocalyptique et sermonneur dans la lignée de la pensée chrétienne qui veut que les hommes, les pauvres hommes que nous sommes, pèchent par orgueil en voulant devenir des dieux, en cherchant à créer un monde supérieur au monde que Dieu leur a donné. Au risque de la mort de Dieu. Cela, non pas l'orgueil (dont ils se défendent) mais la puissance, doit être préservée comme l'apanage de la nation la plus justifiée à gouverner le monde, parce que la plus savante en toutes choses, les États-Unis d'Amérique offerts par Dieu pour préserver le monde du désastre... Rhétorique assertive, tel est le discours performatif tenu par ces films : seule la puissante Amérique pourra faire face à une telle adversité en produisant des machines encore plus puissantes ou, en tout cas, plus rusées, plus intelligentes et plus « humaines » que celles des ennemis de l'humanité.

C'est la simplicité de ce raisonnement qui fait la force de conviction de ces films destinés à un public universel. Le héros offre son corps en holocauste ; or le corps du robot, n'étant pas humain, ne peut jamais faire office d'offrande sacrificielle. S'il y a sacrifice ce ne peut être que dans un sens faible, dans le sens où l'on dit couramment « faire le sacrifice d'un objet ou d'une somme d'argent ». Le sacrifice de la machine ou du robot peut provoquer le regret de sa perte, jamais le remords ou le deuil de sa disparition ; il ne prend jamais la forme d'une cérémonie sacramentelle. La représentation du robot sacrifié à la fin du film permet cependant de figurer le sacrifice, de le faire voir, d'en montrer la cruauté et l'absolue nécessité tout en préservant la sensibilité du spectateur. Faire voir sur l'écran, toutes les étapes de sa destruction c'est faire éprouver, du fait de cette disparition, la sensation de vide ou de manque que provoque toute perte (y compris de la part du jeune John dans le premier

Terminator, John représentant alors le spectateur à l'intérieur du film), sans le remords et la tristesse qu'il endurerait d'avoir participé à la mort d'un héros de chair et de sang. La fin du robot tient davantage du rituel de la destruction, sorte de *potlatch* de notre temps, plus que du sacrifice au sens où le héros donne sa vie pour sauver celle des autres ou pour signifier des valeurs morales supérieures. La destruction de la machine oppose au vide créé par cette perte la plénitude de la mort sacrificielle du héros.

    Dieu peut-il commander les machines comme il commande l'homme ? Si les machines se gouvernent seules, elles n'écoutent ni la voix de leur inventeur ni la parole divine. Le héros exclut de lui-même tout autre que lui, il agit seul et meurt seul dans l'apothéose du sacrifice. Le corps du robot supplée le corps du héros, il ne le remplace pas, il en est le substitut fabuleux. Comme dans le rêve selon Freud, où un personnage peut, par condensation, être le substitut des traits, éventuellement contradictoires, de personnages différents, de même le robot condense dans un seul corps la figure idéalisée d'un homme qui serait invincible, immortel, indifférent au mal et, en même temps, la figure contraire d'un simple agencement d'éléments mécaniques ou électroniques dont la destruction agit comme une sorte de catharsis. Tant il est manifeste que la fin du robot provoque à la fois l'inquiétude et le soulagement. Inquiétude parce que détruire le robot, c'est détruire une part de soi-même ou la part d'humanité qui reste en lui, et soulagement de voir disparaître cette machine inhumaine, simple instrument mécanique et électronique. Angoisse devant son anéantissement parce qu'il signifie l'annulation d'une puissance infinie et salvatrice dont il était porteur ; apaisement devant cette disparition qui annule l'effroi d'avoir à coexister avec cette machine quasi-humaine.

Le sacrifice de la langue

La chair déchirée et sanglante, le corps offert aux brutalités et aux humiliations, sont les instruments de la langue sacrificielle c'est-à-dire du sacrifice de la langue. Vanité de la parole. Qu'il s'agisse de Rambo ou de Terminator, on l'a vu, le corps robotisé parle peu, il se montre, s'expose, s'exhibe. Privilège du regard, pour le héros la parole est superflue, il suffit que la machine du corps se mette en état de fonctionner et de remplir sa mission, puisque l'un et l'autre, Rambo comme Terminator, sont des missionnaires, porteurs non d'une « bonne nouvelle », mais d'une annonce : « *Ecce Homo*, voici l'Homme ». Il suffit, au spectateur, d'ouvrir les yeux pour voir et pour comprendre. Le héros se présente à nous afin que nous le voyions, afin qu'il soit présent pour nous dans une vision quasi extatique. C'est la sidération provoquée par cette vision de l'image du corps du héros qui fait la force de son discours. « Ainsi, disait Rousseau, l'on parle aux yeux bien mieux qu'aux oreilles [1]. » Rousseau qui, voulant parler de l'origine des langues, commençait par célébrer le geste : « Quoique la langue du geste et celle de la voix soient également naturelles, toutefois la première est plus facile et dépend moins des conventions : car plus d'objets frappent nos yeux que nos oreilles, et les figures ont plus de variété que les sons ; elles sont aussi plus expressives et disent plus en moins de temps. » Mais, contrairement au héros, Rousseau ne récuse pas la langue dont il se sert pour donner la primauté à la vue.

Le héros se donne au spectacle, montre son corps, fait irruption dans le monde (c'est-à-dire sur l'écran) en disant : « Me voici, voici le corps que vous attendiez. » Corps messianique offert en sacrifice, non pas pour le bonheur des hommes (idéologie perverse), mais pour le salut de l'humanité et la vie éternelle. Volupté de la transcendance et extase sacrificielle, le corps doit être souffrant pour signifier à l'humanité l'indigence de sa condition. Montrer le corps meurtri fait office de discours. Pour en comprendre la langue, il suffit

---

1. Jean-Jacques Rousseau, *Essai sur l'origine des langues*.

que le spectateur suive des yeux le corps du héros, l'accompagne du regard dans ses déplacements. Comme l'Ange qui « messager, parcourt l'espace entre ciel et terre [...] est franchisseur d'espace et passeur de seuil : il ne se fait pas voir, il n'est pas vu [1] », le héros se déplace beaucoup, lui aussi entre ciel et terre, il doit aller là où est le danger, là où doit s'accomplir sa mission, et en revenir pour en recueillir la gloire. Mais, contrairement à l'Ange il doit être vu. Nous devons voir de nos yeux la souffrance affichée sur son corps et savourer, dans l'extase finale, le ravissement de notre propre corps par le corps du héros. Ce n'est pas la voix du héros qui fait de lui le messager ou le porte-parole, c'est ce qu'il fait et ce qu'il nous donne à voir. L'exultation provoquée par le corps sanglant, lacéré et morcelé qui, à l'acmé de son action, franchit dans la douleur tous les obstacles, submerge le spectateur.

Car le héros, n'est pas homme de la parole, il est action, action qui, respectant le modèle canonique de ce type de récits, passe nécessairement par la phase sacrificielle. Aucune parole ne peut remplacer cette vision du corps meurtri et dépecé du héros. Le laconisme dont celui-ci fait preuve est à la fois la manifestation de son essence et l'exposition visuelle du fait que la nature du héros, comme de l'homme américain en général, est non de parler mais d'agir. Le film montre donc ce qui, en général, ne fait pas l'objet d'une monstration : l'idée, l'essence du héros. Le spectateur voit de ses yeux ce qu'est le héros, il n'a pas besoin d'entendre sa parole ; émerveillé, il contemple l'être qu'il ne sera jamais. Héroïsation qui se commet au prix du sacrifice de la langue et de l'avilissement de la chair sous le travestissement de l'exaltation du corps.

C'est donc, essentiellement, le corps qui parle et, au cinéma, le corps ne peut parler que dans la mise en scène qui en assure la représentation. Ces films assument ouvertement ce discours tapageur par la mise en scène du corps la plus ostentatoire possible, et ce au détriment de la parole. Déniant à la parole toute fonction, ils récusent du même coup tout ce que porte la langue : logique, rationalité, successivité, retard et attente.

---

1. Louis Marin, *Opacité de la peinture*, p. 129.

Déploration du langage et imploration du corps : la parole écartée, refusée, méprisée est sacrifiée au bénéfice du corps sauveur, parce que seul le corps est porteur de la violence physique nécessaire pour combattre le mal. S'il y a, ici, liturgie, ce n'est pas au sens que le judaïsme et le christianisme donnent à la « liturgie de la parole » comme culte offert à Dieu par le moyen de lectures ordonnées et ritualisées. Sacrifice de la parole ou sacrifice du corps, le corps sacrificiel fonctionne dans l'ostentation de sa présence, dans la présentification de soi du héros comme icône qui porte les marques de sa souffrance. Le sacrifice de la parole fonctionne non pas comme une perte dont le film serait la quête, ou la tentative pour en retrouver la trace, mais comme un déni. Déni qui contient aussi, en soi, son inverse : la sacralisation de la parole, ou plutôt l'idée que seule la parole sacrée a droit à l'existence comme toute lecture autre que les textes sacrés est interdite dans certaines traditions religieuses et où seule cette parole sacrée et consacrée peut être prononcée, entendue et écoutée. Implicitement dans certains films, explicitement dans d'autres, cette parole sacrée dit que Dieu a désigné les États-Unis pour gouverner le monde et le héros américain pour en être le héraut.

Le film pornographique écarte lui aussi, de manière tout aussi résolue, le recours à la parole, seul compte alors l'exhibition des corps et la vision sans ombre du geste obscène. La spectacularisation et l'ostentation du corps ne sont pas l'apanage de *Rambo*, *Batman* ou *Superman*, mais elles y prennent une forme particulière, différente de celle revendiquée par les films érotiques, pornographiques, de kung-fu ou d'horreur, ou encore dans ces figures nouvelles de l'érotisation du corps de l'acteur auquel nous fait assister le cinéma contemporain. Même si l'érotisation du corps est une donnée, en quelque sorte, fondatrice du cinéma depuis ses origines, elle prend aujourd'hui une forme particulière qui va de la réhabilitation du corps à l'écran à la provocation que peut constituer, parfois, l'exhibition de l'obscène. L'érotisation du corps, dans un certain nombre de films récents est, avec plus ou moins de bonheur, un moyen en vue d'une fin, il faut faire parler le corps afin qu'il prenne sa place dans la configuration du discours que le film met en situation [1]. Le corps sublimé y sert d'adresse au spectateur, il est un discours qui me parle de ce qu'il en est du corps charnel dans le monde où je suis, et des rapports de cette chair à la chair ou à la corporéité de l'autre. Il en va autrement dans les *Rambo* et les *Terminator* où le corps est à lui-même sa propre fin. Dans ce discours égocentré, narcissique, que le corps tient sur lui-même, et à lui-même, on ne trouve aucune adresse à l'autre. Lorsqu'il entend la mère lui annoncer la mort de son fils, Rambo lui montre, sur les photographies, les images des corps de ses camarades morts. Le corps mort est muet, absent il parle au vivant par le moyen de son image.

Dans *Terminator 3*, John et Kate, sont doués de pensée, de conscience, d'imagination et jouissent de liberté. Mais le film nous dit que c'est là leur faiblesse : la pensée, la conscience, l'imagination leur donnent une liberté inutile, fallacieuse et scandaleuse, seule la force brute du héros peut les protéger. Ils sont pourtant, dans le film, par opposition au couple de robots, Terminator et TX, les uniques représentants de l'humanité faite de chair et de sang, mais malgré ce statut qui aurait dû être prestigieux, ils ont un discours presque aussi pauvre que celui des robots, le seul élément distinctif réside dans le fait qu'ils ont des souvenirs, qu'ils ont une mémoire dont ils échangent entre eux quelques éléments, mais ils ne manifestent aucun sentiment, ne se touchent jamais, restent à distance l'un de l'autre, séparés. Leur échange de paroles fait d'eux, contrairement aux robots, des êtres qui ont conscience du temps, qui vivent dans le temps et qui sont capables d'assumer leur passé. Même si, pour John, ce passé est misérable et dérisoire comparé au « chef de la résistance mondiale » qu'il est supposé être. Impuissance de l'homme de chair face à la puissance des machines, impuissance du verbe pour contraindre la mécanique satanique qui porte le mal dans le monde. Telle est la leçon implacable du film.

---

1. Par exemple Bergman, *Le Silence* (*Tystnaden*), 1964, (mais la plupart des films de Bergman se prêteraient à la démonstration) ; Kieslowski, *La Double Vie de Véronique*, 1991 ; Pasolini, *Salo*, 1975.

Théorie de l'inhumanité

Or, quelle catastrophe est advenue ? Le péché originel n'est-il pas le paradigme de toutes les catastrophes, n'est-il pas cette catastrophe première, toujours déjà advenue et toujours renouvelée. La catastrophe est toujours derrière nous, elle s'est produite, elle a eu lieu. L'annonce de catastrophes à venir ne peut être que prédiction ou prophétie par référence à cette catastrophe primordiale. Mais n'est-ce pas de cela que nous parlent ces films ? Ils nous tiennent non pas un discours sur Auschwitz (la catastrophe advenue), mais sur une catastrophe future mais si proche que l'urgence à la parer ne peut être qu'extrême. C'est évident dans *Terminator*, mais ça l'est aussi dans *Rambo*. La visée ultime du film est de nous persuader de son imminence ; imminence telle que seul le héros peut nous en éviter la survenue et les conséquences dramatiques qui en résulteraient.

Si le conte, quel que soit le lieu de sa naissance, se forme selon des articulations universellement identifiables, cependant il s'adresse à un cercle restreint d'auditeurs ou de lecteurs, il met en place des éléments conformes à la culture dans laquelle il prend naissance, il assume sous cette forme les faiblesses, les peurs et les angoisses des hommes et aussi les contradictions et les fractures de la société. Les films dont nous parlons, par leur visée universelle, ne possèdent pas ces caractéristiques. S'ils prennent au conte son architecture fondamentale, ils s'efforcent, au contraire, d'effacer de leurs énoncés tout signe d'appartenance « régionale ». Ces films essayent de nous faire penser que s'il y est question d'inhumanité, ce n'est plus seulement celle qui, depuis des temps immémoriaux, provoque la terreur et l'affliction des hommes, elle n'est plus uniquement intemporelle, elle n'est plus seulement de toute éternité, elle a, aussi, un temps assignable et une forme identifiable, tout en demeurant universelle et intemporelle. Par une imposante contraction du temps, on nous donne à croire que l'ennemi ainsi désigné est celui que les hommes ont combattu de toute éternité et que nous n'avons aucun autre recours que de lutter avec l'Ange contre la bête immonde. L'immonde c'est l'impur, le sale, le répugnant, l'horrible, l'abject ce qui s'oppose au pur (naïf, innocent), au propre, au net (au nettoyé), au désirable. Il faut donc *nommer* cette bête qui suscite l'horreur, lui donner un nom (ce que font aussi bien *Rambo* que *Terminator*), en suggérant que ce nom est le nom de la bête, représentation du mal absolu : le « terroriste » quelle qu'en soit la forme ou la figure. Remarquons au passage que nommer le « terroriste » c'est en former immédiatement la figure horrible, comme nommer l'« État voyou » revenait à désigner la source du mal absolu. Représenter le mal sous sa forme actuelle n'est rien d'autre que représenter le mal éternel. Cette bête n'est pas un *monstre*. Le cinéma nous a habitués à voir des monstres (et à en voir partout) sous de multiples formes : King-Kong, pieuvre géante, requins mangeurs d'hommes et, plus monstres encore : morts vivants, extraterrestres, formes plastiques insaisissables mais il est bien évident que ce ne sont pas là les ennemis que combat notre héros. Ses ennemis sont beaucoup plus proches de nous, même s'ils représentent un mal identique, le même mal absolu. Ils sont les représentants de ce contre quoi le héros entend mener la guerre la plus dure, sans concession à ce que certains s'obstinent à appeler les « droits de l'homme ». Jacques Rancière est alors fondé à parler de « guerre contre la terreur » et de ce qu'elle implique, jusqu'au bout. « Parler de guerre contre la terreur, c'est établir une seule et même chaîne depuis la forme de ces attentats jusqu'à l'angoisse intime qui peut habiter chacun de nous. » On voit bien alors à quoi tendent ces films qui, à défaut de faire la guerre eux-mêmes, ramènent la guerre au plus près de notre intimité. De telle sorte que « tout ce qui suscite ou pourrait susciter de la terreur, [...] tout ce qui menace le lien social qui tient ensemble une communauté [1] » devra être combattu au même titre et avec les mêmes moyens que le terrorisme. La prétendue justesse du combat n'a, alors, plus rien de commun avec la justice. Si *Rambo* ou *Terminator* sont antérieurs à ce qui a été appelé « guerre contre le terrorisme », ils n'en sont pas moins redevables de la même logique qui consiste à étendre le statut d'ennemis de l'humanité

---

1. Jacques Rancière, *Malaise dans l'esthétique*, p. 151.

à tous ceux qui ne se conforment pas aux normes de la vie américaine.

Retenons qu'une « justice sans droit » est celle que pratiquent nos héros qui se situent hors du droit, au-dessus du droit lorsqu'ils estiment être porteurs d'un droit plus fondamental, plus essentiel, non pas celui revendiqué par Antigone, mais du droit que leur concède la possession de la force et la certitude d'être investis d'une mission divine. Dire que la terreur est là, sous nos yeux et dans nos esprits, c'est affirmer ce droit au-delà du droit à l'encontre de ceux qui se situent eux-mêmes hors du droit et qui sont ainsi désignés comme hors de la communauté des hommes, inhumains, susceptibles d'être combattus par la violence la plus extrême. Rancière établit un rapport essentiel entre ladite terreur et le « traumatisme de la naissance », de son caractère infini, comme de l'angoisse intime qu'elle suscite. Nous sommes alors fondés à penser que ces films révèlent ce qu'il peut y avoir d'inexorable dans l'esprit de ceux qui les écrivent, suivant en cela la logique impitoyable de ceux qui la traduisent en termes de guerre réelle, alors que nous n'avons affaire, nous, spectateurs de cinéma, qu'à sa représentation ou à sa métaphore, c'est-à-dire à sa rhétorique ou à son absence. Ce qui persiste, sous cette rhétorique guerrière, c'est bien l'idée que faire la guerre contre le terrorisme c'est se flageller soi-même, c'est l'injonction (cette figure de rhétorique si présente dans ces films) faite à chacun de nous d'avoir à se fustiger pour avoir laissé le mal envahir l'esprit des hommes. C'est, en somme, une rhétorique messianique.

Théorie de la catastrophe. Désastre et salvation

Dans le type de films que nous nous attachons à comprendre, films construits selon une archi-histoire relativement stable, conforme aux canons de la tradition du conte, le récit met en œuvre une situation catastrophique ou cataclysmique à la solution de laquelle aucune institution normale ne peut contribuer et pour laquelle il est fait appel au héros qui, généralement seul, parvient à ramener la paix et la sérénité. Les États-Unis ne s'enorgueillissent-ils pas d'avoir volé au secours du monde en détresse ? De même le héros...

Il est ordinairement convenu que la situation de départ est présentée comme d'une extrême gravité puisqu'elle met en péril non seulement la vie des protagonistes directement impliqués, mais l'humanité tout entière. C'est donc le destin de l'humanité, le temps et l'espace de son existence, qui sont en jeu et que le héros est chargé de préserver, de protéger voire de restaurer. La contraction ou la dilatation du temps (*Batman*), la fin ou le début d'une Histoire (*Rambo*), la réduction de l'espace de vie (*Terminator*) sont les indices obligés que le film nous impose et qui ne peut se résoudre que par l'action héroïque. On en a l'exemple canonique dans *Batman Forever* (Joel Schumacher, 1995) où Double Face n'est qu'un homme médiocre, ne visant qu'à dominer la ville par la violence physique. Il n'a qu'une ambition tout aussi médiocre : s'emparer d'un pouvoir très localisé, très circonscrit, minime. Le véritable danger pour l'humanité est représenté par Nygma qui, lui, a découvert le moyen de s'emparer de l'esprit des hommes et qui entend exercer sur eux une domination absolue. Il entreprend de détourner l'humanité de son destin originel, d'en fragmenter le temps de telle sorte que, ne pouvant plus penser (ni se penser), elle perde la notion de la continuité du temps, de la succession des instants et renonce à revendiquer l'héritage du passé. On a, ici, l'un des thèmes constant, nostalgique en un certain sens, dans un grand nombre de films, celui du danger que font courir à l'humanité les inventions ou les découvertes scientifiques, toujours présentées comme ayant rapport au temps dans la mesure où elles permettraient de revenir (et de modifier) le passé et de prévenir le désastre par la connaissance du futur. Perspective exaltante anéantie, avec la même constance, par l'idée selon laquelle la science est d'inspiration diabolique (en cherchant à transformer la création divine elle irait à l'encontre de la volonté de Dieu [1]) et pourrait faire le malheur de l'humanité en se trouvant en d'autres mains que celles de la nation la plus sage et la plus apte à en faire un usage conforme aux intérêts de l'humanité. Ce n'est donc pas par accident que la science et la technique sont désastreuses, c'est parce qu'elles sont en de mauvaises mains. Ontologiquement la technologie moderne place l'humanité devant une aventure qui ne peut que se révéler mortelle. Que ce soit, comme ici, un procédé de décervelage par une nouvelle télévision, ou le détournement à des fins criminelles des armes de destruction massive, c'est le regret, le remords, la nostalgie d'un temps édénique qui sont en jeu, et c'est alors Tarzan, modèle d'une humanité originelle, sans tache, en harmonie avec la nature qui est sous-jacent à ce discours. Tarzan ou l'abolition du temps, Tarzan ou l'effacement de l'histoire, Tarzan ou le retour à la pureté fondamentale, à l'innocence première, à l'homme d'avant le péché. Or, la catastrophe est déjà là et n'attend que les héros susceptibles d'en conjurer l'action et les effets.

Catastrophe, désastre, cataclysme et désordres de toutes sortes, éléments essentiels de la rhétorique visuelle, sont anticipés par le héros. Le thème de la prédiction par le héros est très souvent mis en œuvre dans ces films. Le héros sait à l'avance la nature des événements, il annonce la catastrophe, il devance le désastre. Quel que soit le désordre qui suscite son intervention, dès lors qu'il y a désordre (bouleversement des règles et des comportements), il s'agit toujours, pour le héros, de prévenir le désastre annoncé, de rendre ce qui a été pris, de reconstituer ce qui a été détruit, de remettre en place ce qui a été déplacé. La catastrophe n'est jamais l'événement mineur énoncé dans le langage courant, c'est un bouleversement désastreux, entraînant l'effondrement de l'ordre ancien, la ruine et, parfois, la mort. Elle produit effondrement et désolation, aridité et stérilité telle celle que, par exemple, la fin de *Terminator* nous les laisse imaginer. Le film met en place une rhétorique de la catastrophe telle que, dire la catastrophe c'est

---

1. Darwin en fit l'expérience en son temps, et les récentes attaques des « créationnistes » montrent la persistance de ce courant d'idées.

ajouter au désastre des choses le désastre des mots, des images et des représentations. C'est recouvrir, la destruction des choses du monde, par la destruction des mots, des images et des représentations. Rhétorique du désastre dont le film est porteur jusqu'à l'excès par l'accumulation des procédés susceptibles de frapper le spectateur (qui n'attend que cela) : violence de l'image, brutalité des bruits, férocité du dialogue. La seule rhétorique sous laquelle devrait se représenter la catastrophe serait le silence et l'écran vide, alors que les dispositifs modernes de communication nous ont, au contraire, persuadés de la nécessité pour nous de voir et d'entendre sans délai toutes les catastrophes. Le film choisit de montrer la mort de l'espace naturel, la destruction de l'œuvre des hommes, la lacération de la chair, le démembrement des corps au moyen de substituts qui en font une esthétique de la dissémination et de la disparition. Le film rend le spectateur prisonnier de cette vision catastrophique du monde comme, à certaines périodes historiques déterminées, a pu l'être le chrétien devant les images religieuses qui s'imposaient à lui pendant l'office ou comme ont pu l'enfermer dans leur cercle infernal les images propagandistes produites dans ce dessein par les régimes politiques despotiques ou dictatoriaux. Ne disons pas que le film produit le même effet de sidération et d'adhésion aveugle que celui engendré par ces théologies oppressantes ou ces États totalitaires. Mais remarquons que, sur le plan rhétorique, le film adopte un mode semblable. Représenter la catastrophe dans un récit filmique c'est, sur le plan des affects, jouer sur la crainte, la peur, l'inquiétude, l'angoisse devant le vide, la disparition, l'abandon, la mort, l'inconnu. Et ces effets sont d'autant plus prégnants que l'absence du hors-champ leur confère un caractère absolu. Le héros est présenté comme celui qui, par grâce divine ou par la force qui réside en lui par sa seule vertu (*virtu*), possède le pouvoir d'arrêter le cours catastrophique des choses et de restaurer l'ordre ancien, de rendre aux hommes leur lucidité et leur quiétude. Existence toujours précaire, mais jamais soumise à disparition, le héros ne peut mourir que provisoirement, à condition de renaître aussitôt. Si la catastrophe peut être d'origine humaine et si le cataclysme est d'origine exclusivement naturelle, ils produisent, l'une comme l'autre, un désastre tel que seul le héros, invincible et indestructible, peut y porter remède.

Or, s'il y a bien lieu de parler de désastre, de situation désastreuse dans la description du monde faite par chacun de ces films, c'est parce qu'ils s'efforcent de montrer le désastre sous la forme radicale de la destruction, de l'anéantissement du monde et de la disparition des hommes. Nous saisissons désormais que le désastre montré n'est qu'une figure de rhétorique, une métaphore apocalyptique, un discours moralisateur mis à la place du véritable désastre. Penser le désastre c'est, disait Blanchot, penser en deçà de la pensée, c'est penser le désastre non comme vide et comme absence, mais comme ce qui précède le vide et l'absence.

Pour nos héros, le monde est un désastre dans lequel nous sommes enfermés de telle sorte que nul ne peut jamais en sortir, auquel on ne peut échapper, ni en éviter la catastrophe sauf à confier notre destin au héros. Le désastre est déjà là. Développer une telle théorie de la catastrophe vise à signifier que l'humanité est au bord de l'abîme. La catastrophe est proclamée, annoncée ouvertement par les prophètes modernes que sont les scénaristes et les producteurs hollywoodiens de ces films. Le reste est question de mise en scène. On en arriverait alors à penser que nous avons affaire à une rhétorique terroriste dans l'exacte mesure où ces films montrent la catastrophe advenue pour en agiter la menace et tenir, à partir de cette menace, un discours d'injonction et d'admonestation.

Épopée du désastre

L'épopée raconte toujours les aventures d'un héros ou d'un personnage valeureux, plein de courage et d'abnégation qui affronte le désastre, le détourne ou en change la signification. Le désastre est ce à défaut de quoi le héros n'aurait aucun sens à exister. S'il n'y avait pas de « soulèvement des machines », que viendrait faire Terminator parmi les humains ? S'il n'y avait pas eu la guerre du Vietnam (le désastre déjà produit), il n'y aurait pas de retour du héros Rambo dans son pays natal, donc pas de héros pour venir annoncer à la nation américaine que le la catastrophe est déjà là, pas de héros non plus prêt à repartir au combat (*Rambo II* et *Rambo III*).

Y aurait-il dans ces films quelque chose comme une pensée du désastre ? N'y a-t-il pas une sorte de défi à vouloir déceler la présence d'une quelconque pensée dans cette catégorie de films alors qu'ils ne réclament de nous qu'une croyance extasiée ? Pourtant il y a, sinon une pensée du désastre, du moins la trace d'un désastre possible, prévisible, annoncé, sur le point de se produire ou déjà survenu. Il est vrai que cette idée prend la forme d'une prémonition, d'une prophétie plus que d'une pensée au sens où on la trouve chez Maurice Blanchot qui, bien qu'il pense le désastre comme annoncé, le dit aussi comme ce qui est déjà advenu et qui ne peut jamais devenir. « Nous sommes au bord du désastre sans que nous puissions le situer dans l'avenir : il est plutôt toujours déjà passé, et pourtant nous sommes au bord ou sous la menace, toutes formulations qui impliqueraient l'avenir si le désastre n'était ce qui ne vient pas, ce qui a arrêté toute venue. Penser le désastre (si c'est possible, et ce n'est pas possible dans la mesure où nous pressentons que le désastre est la pensée), c'est n'avoir plus d'avenir pour le penser [1]. » Or, si nous n'avons « plus d'avenir pour le penser », si le désastre est présent dans ces films sous la forme de la peine et du remords, donc sous la forme de l'inconciliable, alors l'humanité doit faire le deuil d'elle-même ; elle ne peut pas se réconcilier avec elle-même. D'où la guerre permanente, la violence nécessaire, la catastrophe inévitable. Rambo ne peut refaire à lui seul la guerre du Vietnam, et Terminator ne peut éviter que les machines ne détruisent toute vie. La question du film est alors : où en est-on du désastre ? Qu'en est-il de la catastrophe ?

On voit comment dans l'architecture du récit, tous les événements convergent vers ce point central constitué par l'hécatombe offerte en holocauste. L'hécatombe appartient au

---

[1]. Maurice Blanchot, *L'écriture du désastre*, p. 7.

sacrifice, elle en est l'une des formes, la plus puissante, la plus spectaculaire, la plus excessive. Comme dans le potlatch, elle correspond à cette énorme destruction de biens de toutes sortes. Il est donc nécessaire de réfléchir à ce rapport des concepts sacrifice, hécatombe, potlatch. Et demander en quoi ces films sont affectés par ces concepts.

Le sacrifice c'est l'hommage rendu à un dieu ou à une idée (à un idéal), c'est le rituel observé par dévotion à une divinité. Le potlatch peut lui aussi relever de cette structure que l'on pourrait appeler « hécatombale », mais c'est un phénomène social, pas religieux : il s'y agit d'écraser l'autre par la profusion des biens détruits en le mettant au défi de surpasser le sacrifice qui vient d'être accompli. L'hécatombe c'est, d'une certaine manière, l'excès du sacrifice, son extase. C'est un geste de mort, grossier, massif, extravagant, par lequel on exprime à la fois son pouvoir, sa puissance, mais aussi son mépris des biens de ce monde et la grandeur du dieu qui réclame d'aussi vastes dépenses, d'aussi grandioses exhibitions de richesses destinées à être anéanties.

Désastre, catastrophe, hécatombe, holocauste ? Quel choix nous est laissé ? La longue durée du désastre ou l'imminence de la catastrophe brutale ? Le héros lui-même ne peut choisir, il se présente comme celui qui doit faire face aussi bien à l'un qu'à l'autre. Qui décide : l'homme, le héros ou une autre instance ? Ainsi le désastre nous est présenté comme inéluctable, comme ce que personne, fût-il super-héros, ne peut faire qu'il ne se produise. Terminator ne peut empêcher le désastre (la destruction totale), il peut seulement conduire John et Kate jusqu'à l'abri qui les protègera. Et Rambo arrive après le désastre, après la défaite militaire et l'humiliation, après que le désastre s'est produit.

Face au désastre certain, l'Amérique fait au monde le don de ses héros. Elle l'exprime de manière ostentatoire en faisant du héros l'instrument de l'excès, de la dilapidation, de la destruction, de l'emphase. « Voyez, semble dire le héros, tout ce que je suis prêt à sacrifier pour vous ». Comme un dernier geste avant la mort ? Ou comme l'acte destiné à éblouir celui qui y assiste ? Or, faute de pouvoir donner à son tour l'équivalent de ce qu'il a reçu, le donataire vit l'humiliation de se voir dans l'incapacité d'acquitter sa dette en retour du don reçu. Dette ineffaçable, inextinguible, infinie ; désastre de la pensée. Le spectateur est invité à reconnaître dans l'emphase du geste destructeur, à défaut d'une emphase de la parole prodigieuse (le corps du héros est d'emblée emphatique), ce don qui lui est adressé et qu'il n'est pas en mesure de refuser. L'emphase est le procédé par lequel le corps du héros exhibe plus que le nécessaire en suscitant chez le spectateur l'admiration béate de ses vertus transcendantes. L'emphase se retrouve dans la manière dont le héros est sur-signifié par l'ensemble des procédés de la rhétorique cinématographique. Le film fait au spectateur le don surabondant et vertigineux des images (position dans le plan, massivité du corps, vêtement somptueux, variété de l'action, multiplication des coups donnés et reçus, profusion des tirs d'armes, diversité des armes utilisées et aussi accumulation des destructions – objets, édifices, bâtiments, personnages secondaires – ou des moyens de destructions – abattement, incendie, inondation, explosion). Emphase des moyens utilisés, emphase de la visibilité accordée aux dévastations opérées par le héros ou ses adversaires, tout est mis en œuvre (et mis en scène) de telle sorte que rien n'échappe au regard du spectateur. Ainsi, le film ne s'adresse pas à la pensée du spectateur, il ne lui demande rien, il lui offre tout ce qu'il désirait voir et plus encore, il ne veut de lui rien d'autre que ce regard. L'épopée ne peut se conclure, elle ne peut que suspendre son récit, indéfiniment

L'agonie de l'ange

Échapper à tout, telle est la promesse du film. Échapper à la responsabilité, à l'innocence et à la culpabilité, n'être rien d'autre que ce corps indifférent à la souffrance et au plaisir. N'être rien que cette chair éphémère, promise à la disparition. Et s'il n'y a qu'un seul juste, demandait Abraham à Yahvé au cours de ce marchandage insensé, feras-tu aussi ce que tu dis ? Détruiras-tu toute vie dans Sodome ?

N'y a-t-il donc qu'un seul juste, le super-héros, garantie de survie pour toute l'humanité ? Comme l'ange avant la chute ou comme cet autre ange, mais ange lui aussi, qui porte le glaive et tranche dans les chairs de ces corps dissolus [1] ? L'ange est donc double, comme le héros et comme toute l'humanité dont il est l'image réfractée et transcendante. L'ange combat et souffre. Non pas celui qui benoîtement vient annoncer à Marie qu'elle va mettre au monde le sauveur et le rédempteur, mais celui qui accompagne l'humanité dans son malheur, dans son désordre et sa dépravation, celui qui rappelle aux hommes leur culpabilité et leur destin [2]. Le héros fait de même en proclamant à la fois que le désastre est tout près de nous mais qu'il est encore temps de le prévenir (*Rambo*), ou qu'il est déjà trop tard (*Terminator*).

L'homme est un ange déchu, un innocent corrompu par le péché, un candide qui a connu le désir et qui y a succombé. Le héros est un ange en sursis, un ange qui surseoit provisoirement à la destruction de l'humanité en faisant rempart de son corps. La déchéance de l'ange se marque à la chute de cette pure âme dans la pesanteur de la chair. Désormais l'ange est un homme, et le héros celui qui outrepasse l'incarnation pour retrouver la pureté originelle. D'où le recours au seul ange qui ait échappé à toute altération de son être originel : Terminator est sans péché, il n'a aucune faute à expier, Rambo est un ange exterminateur à l'image de ceux qui, dans la Bible, viennent au nom de leur dieu, faire payer aux hommes le prix de leurs fautes. Rambo porte dans sa chair les marques de la culpabilité de l'humanité, lui qui assume dans la douleur le poids de ces fautes majeures que sont, pour lui, la lâcheté, la pusillanimité, l'amollissement de la volonté, le dévoiement provoqué par la légèreté, la joie ou

---

1. L'archange Michel est dit « chef des armées célestes » et « celui qui conduit les âmes jusqu'au tribunal de Jésus Christ ».
2. Comme dans Daniel 12,2 où, après avoir (12,1) appelé Michel « le grand Prince qui se tient auprès des fils de son peuple », le texte prophétise : « Un grand nombre de ceux qui dorment au pays de la poussière s'éveilleront, les uns pour la vie éternelle, les autres pour l'opprobre, pour l'horreur éternelle. »

la recherche du bonheur (finalités interdites pour celui qui ne doit viser que le salut de son âme).

L'agonie de l'ange signifie qu'il n'y a plus d'« ange gardien », celui auquel les fidèles pouvaient confier leur destin et remettre leur vie entre ses mains consolatrices. Si l'on examine ce que font et ce qu'annoncent les super-héros, nous sommes bien dans le temps de l'agonie, dans le temps où rien n'est possible si ce n'est la mort et la désolation ou la vie éternelle mais ailleurs, pour les seuls élus. Il n'y a plus de héros susceptible de nous éviter le désastre. Il ne s'agit plus seulement de confier notre existence et notre survie au héros mais de reconnaître avec lui notre fin prochaine et espérer, en abolissant tout désir, en consentant à la douleur de notre sort misérable, faire partie des élus.

Le discours du film, comme le parcours sacrificiel du héros, vise à nous persuader qu'il est vain d'attendre des temps meilleurs, que la félicité n'est pas de ce monde et qu'il faut, pour atteindre la béatitude de l'ange, renoncer à tout espoir de bonheur terrestre. Si le film annonce l'agonie et la mort de l'ange c'est, prétendument, en raison de l'échec de l'humanité, d'une humanité qui n'aurait pas su se réconcilier avec son créateur et qui n'aurait pas voulu conduire jusqu'à son terme l'expiation de ses fautes. L'agonie c'est l'infinie souffrance précédant la mort, c'est la restitution du temps mondain et de sa pesanteur, c'est l'instant où le temps fait sentir son poids, pèse sur l'homme et le tire vers sa fin. L'agonie de l'ange dure depuis l'origine. L'ange comme le héros s'est perdu dans le temps. Le héros comme l'ange ne sait plus où est sa fin : doit-il succomber avec l'humanité ou lui survivre ? Doit-il périr avec l'homme ou sauvegarder une part d'humanité pour un futur soumis à la volonté des dieux ?

Comme le héros, l'ange n'est que le messager, celui qui passe, qui rend visite mais qui ne s'attarde pas. Le héros comme l'ange ne reste pas, ne demeure pas ; il n'est là que le temps d'accomplir ce qui lui a été prescrit. Il ne peut connaître le désir (parce que le désir a besoin du temps) ou, s'il le connaît, il doit l'étouffer aussitôt. Ruiner le désir, c'est faire disparaître toute possibilité de relation à l'autre, c'est tuer l'autre comme autre, c'est aussi reconnaître l'agonie comme l'état dans lequel se trouve l'homme depuis l'origine. Agonisant, l'ange est sans désir, sans volonté propre. L'absence du désir dans les deux films est donc absence de responsabilité au sens où, dans *Donner la mort*, Derrida met ces deux concepts en relation. La disparition de l'autre, son absence ou son évanouissement légitiment l'irresponsabilité et le défaut du désir. Le corps asexué du héros, signifie qu'il faut tuer en soi tout désir, s'abstraire et se dissoudre dans la lente agonie du temps pour atteindre l'éternité, un temps sans désir et sans limite.

De quelle existence nous parle *Terminator* ou *Rambo* hormis celle de Terminator ou de Rambo ? Y a-t-il, dans ces films, la moindre possibilité pour quelqu'autre d'exister ? N'est-ce pas aussi ce que nous pouvons constater dans *Batman*, *Superman* ou *Spiderman* ? Qui donc agonise ? Le film est un discours interminable, inachevable ; il est une agonie sans fin.

4. Conclusions

La disparition

Instrumentalisant des formes stéréotypées de récit et d'iconographie – identifiables immédiatement par le spectateur pour peu qu'il ait approché la culture cinématographique et qu'il reconnaisse dans ces personnages, comme dans ces récits, des éléments qu'il peut rapporter à sa propre culture –, la standardisation inévitable des scénarios par l'industrie hollywoodienne fait de ces films des produits consommables universellement. En s'appropriant le fonds mythique de toutes les cultures, ces films apparaissent comme appartenant d'emblée au patrimoine culturel universel dès lors qu'ils ne sont pas ouvertement attribués à une culture particulière et, encore moins, à un auteur singulier. Barthes, qui rappelle que le cinéma peut servir de support à la parole mythique, nous conduit à considérer ces films comme contribuant à la construction d'une mythologie moderne, indépendamment de la trivialité de leur objet : « Le mythe ne se définit pas par l'objet de son message mais par la façon dont il le profère […] [1]. » Ce qui tendrait à montrer que, à l'analogue du récit mythique, ces films tirent une partie de leur force de l'effacement de l'énonciateur, de même que, selon Barthes, « le mythe est constitué par la déperdition de la qualité historique des choses : les choses perdent en lui le

---

1. Roland Barthes, *Mythologies*, p. 193.

souvenir de leur fabrication [1] ». N'ayant pas d'histoire, ni d'énonciateur identifiables, ces récits, se présentent comme relevant d'une mythologie généralisée de manière à faire passer les idéaux des États-Unis pour les idéaux de l'humanité. Procédé de substitution qui vise à masquer, sous l'outrance des corps et les exploits fabuleux du héros, le discours selon lequel les valeurs portées par le film sont les valeurs qui doivent s'imposer universellement. La logique qui préside à l'élaboration de cette catégorie de films est que, comme la loi morale chez Kant, le respect des valeurs américaines s'impose à tout homme (même s'il vit sur une autre planète, comme le montrent les films d'anticipation).

L'effacement de l'énonciateur rend nécessaire la disparition ou la destruction des traces, des signes ou des indices qui pourraient signaler en quelque façon son existence. De même que le criminel s'efforce d'éliminer les marques de son crime, de telle sorte que le forfait qu'il a accompli s'impose comme un état de fait ou comme l'aboutissement d'un destin funeste. Tant que l'auteur n'en est pas découvert, le crime n'a qu'une existence de fait, il ne dit rien de ce qui l'a produit, il dissimule son sens ; il est ce qu'il est par sa présence massive, fermée et questionneuse. De même, dès lors que le film ne peut être assigné à un auteur, il s'impose lourdement comme une sorte de fatalité inéluctable qui se dresse devant le spectateur sidéré.

Ces films apparaissent donc comme les récits de grands mythes universels qui, comme tout mythe, n'ont ni énonciateur, ni origine, empreintes de ce qui n'a pas d'empreintes (comme le criminel pourvu de gants). Effacement des traces qui induit le spectateur à considérer ces récits comme de grandes figurations des rêves d'une humanité libérée des lois naturelles et indifférente au temps, sans que jamais n'apparaisse, pour le spectateur, la possibilité de revenir sur ses pas, de relever les indices, de les mettre en forme afin d'en déceler le sens. L'empreinte initiale est absente du film, le producteur l'occulte ou en détourne le sens sous le prétexte d'offrir un spectacle propre à solliciter l'imagination du spectateur (et, plus

---

1. Roland Barthes, *op. cit.*, p. 230.

prosaïquement, d'opérer une substantielle affaire commerciale). C'est bien le film qui efface sa propre empreinte.

Ce qui est en question c'est, sous-jacente à ces productions industrielles, l'idéologie qui doit prendre la forme du divertissement pour se présenter comme allant de soi. De même que, dans ses *Mythologies*, Roland Barthes évoquait « la mystification qui transforme la culture petite-bourgeoise en nature universelle », de même le héros transforme l'idéologie américaine en réification de l'essence de l'homme. À la fin tout concorde, les fins et les moyens s'unifient pour donner naissance à ces films doublement masqués, d'abord ouvertement, de façon visible (le masque de Terminator ou de Batman) puis, en arrière fond, de façon secrète et dissimulée.

Le mythe nous offre donc un récit dont l'initiateur a disparu (comme le criminel il ne laisse pas d'indice), même lorsque sa fonction est d'assigner à l'existence des choses du monde une origine dont le mythe serait le discours. Les mythes fondateurs nous offrent quantité d'exemples de cette parole sans auteur assignable, de telle sorte que, s'appuyant sur cette donnée fondatrice selon laquelle ce qui est énoncé dans le récit préexiste à toute parole humaine, ils se présentent comme antérieurs à toute existence et à toute formulation d'une vérité.

Donc, si le mythe est une construction intentionnelle, on voit bien que la fable n'obtient son efficacité qu'à la condition de travestir ce dont elle parle. Si, paradoxalement, « le mythe ne cache rien », c'est que « sa fonction est de déformer, non de faire disparaître [1] ». Ce qui signifie que le mythe est le signe d'une empreinte puisqu'il « est constitué par un sens déjà tracé », mais d'une empreinte dont il constitue, en retour, l'origine.

Lorsque Barthes dit que la couverture de *Paris-Match* montrant un jeune Nègre en uniforme saluant le drapeau français est destinée à signifier l'« impérialité » de la France, concept qui a présidé à la constitution de cette représentation, il y a bien ici du montré et du caché, du manifeste et du déformé. De même les films qui nous occupent se présentent à nous avec

---

1. Roland Barthes, *op. cit.*, p. 207.

les mêmes caractéristiques même si le « concept » qui leur donne naissance est multiple, fait de stratifications dont les justifications sont données comme naïves ou anodines : offrir au spectateur un spectacle réjouissant, permettre au spectateur de se distraire, lui faire oublier ses préoccupations quotidiennes, le faire rêver, solliciter son imagination. Il y a aussi ce qui ne se dit pas, ce qui ne se parle pas mais qui apparaît, empreinte sans empreinte, déformé, défiguré mais néanmoins présent, et qui se résume à : seule la guerre de tous contre tous assurera le salut de l'humanité. Sentence qui touche à la nature de l'homme, laquelle est présentée ici comme si foncièrement mauvaise qu'elle doit impérativement être redressée par force plus que par conviction. La fonction des stratifications est de recouvrir celles qui précèdent, de ne laisser subsister que les plus innocentes. La forme de ces films se prête admirablement à cette opération. Qui peut, sérieusement, se pencher sur des objets aussi triviaux, sur des films qui n'ont même pas la noblesse des contes et des fables issus de traditions et de cultures ancestrales et vénérables ? Comparés à ces contes, sur lesquels existe une riche bibliothèque d'ouvrages savants, que pèsent *Rambo* ou *Terminator* ? Or cette indifférence fait aussi la force de ces films : ils passent inaperçus, ils se donnent eux-mêmes comme sans importance, sinon sur le plan des profits financiers escomptés par les producteurs. Offrir au public ce qu'il demande efface l'empreinte réelle de ce dont le film est porteur. Le film, comme le mythe, est un *alibi* : « Le mythe est une *valeur*, il n'a pas la vérité pour sanction : rien ne l'empêche d'être un *alibi* perpétuel : il lui suffit que son signifiant ait deux faces pour disposer toujours d'un ailleurs : le sens est toujours là pour *présenter* la forme ; la forme est toujours là pour *distancer* le sens [1] ». « Disposer toujours d'un ailleurs » et « distancer le sens », c'est aussi ce que fait le film lorsqu'il met en scène les exploits fantastiques du super-héros, sauf que son « ailleurs » est toujours absent et que le sens est dissimulé à distance afin d'être inaperçu par le spectateur.

---

1. Roland Barthes, *Mythologies*, p. 209.

Utiliser, comme le fait Barthes pour parler du mythe, le vocabulaire de l'interprétation du rêve par Freud (« déformation », « condensation », « déplacement »), c'est dire que le mythe est construit comme le rêve, que le mythe est un rêve. Et, lorsqu'il fait du super-héros un mythe, le film veut nous imposer le rêve américain.

La forme du sommeil

Rêver c'est dormir ; faire rêver c'est endormir, provoquer le sommeil. Assis dans l'obscurité de la salle de cinéma le spectateur voit sur l'écran se dérouler son rêve. Le rêve est, comme le mythe, « à la façon d'une histoire vraie et irréelle [1] », le spectateur (c'est-à-dire le rêveur) voit « vraiment » son héros voler dans les airs, sauver les jeunes femmes éplorées, protéger les enfants, éliminer les méchants, faire triompher le bien et désespérer le mal. Le spectateur sait que cela ne se peut pas, que la fiction n'est pas la réalité, qu'il est dans l'imaginaire. Mais Freud dit aussi que le rêve ne produit pas gratuitement ces images, il n'est pas arbitraire, il est déterminé de telle sorte que l'on peut, au-delà de son sens manifeste, en dégager la signification latente. À condition d'outrepasser les images du rêve... Dormir, rêver c'est oublier la réalité extérieure, c'est se réfugier dans un monde autre, c'est vivre autrement, ailleurs. Aller au cinéma c'est rêver à plusieurs, sous la férule d'un maître exigeant, en renonçant à laisser vagabonder librement son imagination. « La provocation d'un imaginaire collectif est toujours une entreprise inhumaine, non seulement parce que le rêve essentialise la vie en destin, mais aussi parce que le rêve est pauvre et qu'il est la caution d'une absence [2] ». Le rêve préparé, pensé, défini par les producteurs hollywoodiens dans *Rambo*, *Terminator* ou *Batman*, nous fait vivre le rêve des autres, de ces autres qui n'ont à l'esprit que la double visée :

---

1. Roland Barthes, *op. cit.*, p. 215.
2. Roland Barthes, *op. cit.*, p. 228.

que chaque film, ajouté aux autres, fasse fructifier leur capital et, dans le même temps, qu'ils produisent le sommeil de la conscience du spectateur pour lui enjoindre d'avoir à accepter cette vision du monde, celle-là précisément et pas une autre. Avons-nous le choix ? Non, parce que le film est comme le mythe « a, dit Barthes, un caractère impératif, interpellatoire [...], c'est *moi* qu'il vient chercher : il est tourné vers moi, je subis sa force intentionnelle, il me somme de recevoir son ambiguïté expansive [1] ». Pendant la projection du film, la force de conviction des images écrase ma volonté et dissout mon intention de ne pas me laisser prendre à cette fascination. Ainsi, je sais que le rêve que je viens de faire n'a rien de réel, il ne m'en laisse pas moins cette impression forte qui me bouleverse et continue longtemps de hanter mon existence. Et cela d'autant plus qu'il se répète. Comme le héros qui revient constamment pour retisser le mythe.

La forme du sommeil pendant le film n'est donc pas celle que nous connaissons chaque soir lorsque nous nous endormons. C'est un sommeil particulier auquel nous nous prêtons et même que nous sollicitons comme des enfants qui réclament qu'on leur raconte une histoire qui les transporte ailleurs pour effacer les peines du jour. Or, si Barthes peut dire que le mythe ne cache rien, qu'il ne fait que déformer, nous avons, dans ces films, à considérer la chose autrement puisque, au contraire, le film dissimule le sens, il l'innocente, il met en place une stratégie de disculpation, de blanchiment et de déplacement (une autre forme d'*alibi*) en faisant porter le poids de la responsabilité sur l'autre, le non-Américain (*unamerican*). Nous sommes alors en présence d'un système qui laisse son intention dans l'ombre et, à la fois, l'impose à la manière dont l'inconscient freudien s'impose au rêve sans se révéler. Comme le rêve qui ne veut pas nous dire son sens mais qui, en nous imposant sa forme, nous intrigue, nous interroge, nous inquiète, le film fait en sorte que nous ne puissions voir d'issue que dans les exploits escomptés du héros sans pouvoir déceler le sens dont il est porteur.

---

1. Roland Barthes, *op. cit.*, p. 210.

Le film nous offre toujours ce choix de regarder ou de fermer les yeux, d'entendre ou de se boucher les oreilles, de rester assis ou de quitter la salle, mais les impératifs de l'existence font que le danger est dehors, dans la lumière de l'extérieur, alors que l'obscurité où nous sommes plongés nous semble protectrice et rassurante. Le héros s'adresse à moi, directement, comme un dieu bienveillant et valeureux, je peux lui confier mon existence et lui dédier ma destinée. Qu'en est-il alors de mon existence confiée à l'autre c'est-à-dire aliénée ? Le héros n'est-il pas lui-même simple médiateur, jouet d'une volonté autre ? Or, nous sommes au cinéma. « Le héros, dit Emmanuel Levinas, se trouve jouer un rôle dans un drame dépassant ses intentions héroïques, l'accomplissement de desseins étrangers à ces intentions. L'absurdité du *fatum* déjoue la volonté souveraine [1]. » Alors que, lorsque nous sortons de la salle, le héros cinématographique, empreinte sans empreinte, jouet, non d'une volonté transcendante, mais des fantaisies des scénaristes et des virtuoses des effets spéciaux, se livre à nous dans sa nudité, dépouillé des reliques du héros enchaîné à un destin fabuleux.

Pour détourner le destin

À la fin du film, le spectateur sort de la salle, médusé et rasséréné, le bien a triomphé du mal. L'ange veille. Il retrouve la vie quotidienne telle qu'il l'avait laissée en entrant, mais éclairée par la présence de son héros. Quel destin s'offre à lui, seulement spectateur de ces actions sublimes, lui qui ne se sent pas l'âme d'un héros ? Le film voulait lui faire comprendre qu'il n'est qu'un corps solitaire, conscient de sa finitude, un esprit torturé et inquiet incapable de trouver seul son chemin mais, s'il sait que le héros est là, il sait aussi que tout cela n'est que fiction. « La volonté humaine n'est pas héroïque », dit

---

1. Emmanuel Levinas, *Totalité et infini*, p. 251.

Levinas [1] parlant, non pas de la lâcheté, mais du rapport à autrui lorsque cet autrui veut ma mort et que le courage « se tient au bord de sa propre défaillance [2] ». Accepter cette mort voulue par l'autre, c'est lui donner satisfaction. C'est dire que ce consentement, comme ce désir de vivre et d'ajourner la mort, laisse le héros à sa solitude, il doit assumer seul l'héroïsme dont nous sommes incapables. Cette déférence nous dépossède, mais n'est-elle pas à l'image de ce que nous sommes : déférents à l'égard de ces autres hommes qui se présentent à nous en héros ? Eux seuls savent où nous devons aller et quel chemin prendre pour y parvenir, cependant ce n'est qu'une fable. N'était-ce pas ma volonté d'entrer dans cette salle obscure et d'y admirer les exploits fictifs du héros et donc de donner mon consentement à sa prééminence imaginaire ? Pendant la projection, pris au leurre du spectacle, je m'aveugle sur mon aveuglement. Notre super-héros, quel que soit le nom qui lui est attribué (Rambo, Batman, Superman ou Terminator), nous est présenté comme celui qui choisit la mort plutôt que la servitude et qui, comme Macbeth « souhaite que le néant de la mort soit d'un vide aussi total que celui qui aurait régné si le monde n'avait pas été créé [3] ».

Où voudrait nous conduire le super-héros ? Quel destin funeste vise-t-il à nous préparer dans le secret de la fiction, nous qui ne sommes même pas héroïques ? Lui seul le sait parce qu'il se prétend seul destinataire d'une parole transcendante dont il ne peut nous dire ni l'origine, ni la finalité. De quoi, alors, faudrait-il que nous nous protégions ? Contre qui faudrait-il que nous nous défendions alors que le héros abolit le temps, efface toute empreinte, dissout toute histoire, fait disparaître toute signification ? Mais nous sommes au cinéma bien calés dans notre fauteuil, nous n'avons rien à craindre. Selon le discours de la fable, nous n'aurions plus d'autre recours que laisser le super-héros décider pour nous de ce qui est bien et de ce qui est mal, et être ainsi le seul détenteur de la loi morale. Si le héros annonce la guerre, si la guerre est là,

---

1. Emmanuel Levinas, *op. cit.*, p. 254.
2. Emmanuel Levinas, *op. cit.*, p. 263.
3. Emmanuel Levinas, *op. cit.*, p. 257.

Le corps de cinéma

c'est pour prophétiser la fin des temps et parce que la guerre met la morale au défi. Quel besoin aurions-nous de morale si le super-héros décide du bien et du mal ? Seuls ceux qui ont la puissance nécessaire pour user de la violence peuvent trancher entre ce qui est bien et ce qui est mal, décider de qui mérite le ciel et qui est voué à l'enfer, tel se veut le discours du film. Le héros est « l'être isolé et héroïque que produit l'État par ses viriles vertus [1] ». Sommes-nous toujours dans le film ou en sommes nous sortis ?

À la fin que nous reste-t-il sinon la figure ambiguë du super-héros qui, comme une image pieuse, est censée nous écarter du mauvais chemin et nous conduire, aveugles et confiants, dans la bonne direction ? Et, ainsi, il met fin à la fois à notre mémoire et à notre histoire, à notre passé et à notre avenir. Mais ce n'est qu'un film, rien qu'un film.

---

1. Emmanuel Levinas, *op. cit.*, p. 343.

Index des films cités

58 minutes pour vivre (*Die Hard 2*), Renny Harlin, 1990.

L'Associé du diable (*Devil's Advocate*), Taylor Hackford, 1997.

Batman, Tim Burton, 1989.

Batman, le défi [*Batman Returns*], Tim Burton, 1992.

Batman Forever, Joel Schumacher, 1995.

Batman Begins, Christopher Nolan, 2005.

Les Dents de la mer (*Jaws*), Steven Spielberg, 1975.

Dracula, Tod Browning, 1931.

L'équipée sauvage (*The Wild One*), Laslo Benedek, 1953.

Frankenstein rencontre le loup-garou, Roy William Neill, 1943.

Le Général della Rovere, Roberto Rossellini, 1959.

Greystoke : la légende de Tarzan, seigneur des singes, (*Greystoke : The Legen of Tarzan, Lord of the Apes*), Hugh Hudson, 1983.

Un Homme est passé (*Bad Day at Black Rock*), John Sturges, 1955.

L'homme qui tua Liberty Valance (*The Man who Shot Liberty Valance*), John Ford, 1962.

Incassable (*Inbreakable*), M. Night Shyamalan, 2000.

Une Journée en enfer (*Die Hard with a Vengeance*), John McTiernan, 1995.

Kill Bill Volume 2, Quentin Tarentino, 2004.

Le Loup-garou (*The Wolfman*), de George Waggner, 1941.

Le Loup-garou de Londres (*An American Werewolf in London*), John Landis, 1981.

La Mort aux trousses (*North by Northwest*), A. Hitchcock, 1959.

Nosferatu, F. W. Murnau, 1922.

La Nuit du loup-garou (*The Curse of the Werewolf*), Terence Fisher,1960,

Piège de cristal (*Die Hard*), John McTiernan, 1988.

Rambo (*First Blood*), Ted Kotcheff, 1983.

Rambo II – La Mission (*Rambo : First Blood Part II*), George Pan Cosmatos, 1985.

Rambo III, Peter MacDonald, 1988.

Rio Bravo, Howard Hawks, 1958.

Robocop, Paul Verhoeven, 1987.

Le Secret des poignards volants, Zhang Yi Mou, 2004.

La Sirène du Mississipi, François Truffaut, 1969.

Sueurs froides (*Vertigo*), Alfred Hitchcock,1958).

Superman, Richard Donner, 1978.

Superman II, Richard Lester, 1980.

Superman III, Richard Lester, 1983.

Spiderman, Sam Raimi, 2001.

Terminator 3 : le soulèvement des machines (*Terminator 3 : Rise Of The Machines*), Jonathan Mostow, 2002.

Valdez (*Valdez is coming*), Edwin Sherin, 1971.

Zatoichi, Kateshi Kitano, 2003.

Index des livres cités

AGAMBEN (Giorgio), « Notes sur le geste », *Trafic* n° 1, 1991.

BARTHES (Roland), *Système de la Mode*, Paris : Éditions du Seuil, 1967.

BARTHES (Roland), *Mythologies*, Paris : Seuil, coll. « Points », 1970.

BATAILLE (Georges), « La notion de dépense », in *La Part maudite*, Paris : Les Éditions de Minuit, 1967.

BENVENISTE (Émile), *Problèmes de linguistique générale*, I et II, Paris : Gallimard, coll. Tel, 1966.

BLANCHOT {Maurice), *L'écriture du désastre*, Paris : Gallimard, 1980.

BOLTANSKI {Luc), *La Souffrance à distance*, Paris : Gallimard, coll. « Folio Essais »,1993.

DAGEN (Philippe), « Jeff Koons honore Louis XIV », *Le Monde*, 12 septembre 2008.

DERRIDA (Jacques), *De la grammatologie*, Paris : Éditions de Minuit, 1967.

DERRIDA (Jacques), « Le sacrifice », in *La Métaphore*, n°1, « L'irreprésentable, le secret, la nuit, le forclos », printemps 1993.

DERRIDA (Jacques), *Donner la mort*, Paris : Galilée, 1999.

DIDI-HUBERMAN (Georges), *L'image ouverte*, Paris : Gallimard, 2007.

FREUD (Sigmund), *Essais de psychanalyse appliquée*, Gallimard, coll. « Idées ».

Groupe µ, *Traité du signe visuel*, Paris : Seuil, 1992.

HEIDEGGER (Martin), « La question de la technique » in *Essais et conférences*, Paris : Gallimard, 1958.

KANT (Emmanuel), *Anthropologie du point de vue pragmatique*, (traduction Michel Foucault), Paris : Vrin, 1964.

KAYSER (Wolfgang), Que raconte le roman ? », in R. Barthes, W. Kayser, W. C. Booth, Ph. Hamon, *Poétique du réci*t, Paris : Seuil, « Points-Essais, 1977.

LE GOFF (Jacques) et TRUONG (Nicolas), *Une Histoire du corps au Moyen-Âge*, Paris : Liana Levi, coll. « Histoire », 2003.

LEVINAS (Emmanuel), *Totalité et infini. Essai sur l'extériorité*, Paris : Livre de poche, s. d. (Martinus Nijhoff, 1971).

LEVINAS (Emmanuel), *Éthique et infini*, Paris : Livre de Poche, s. d.

LEVINAS (Emmanuel), *En découvrant l'existence avec Husserl et Heidegger*, Paris : Vrin, 2001.

LEVI-STRAUSS (Claude), *Mythologiques II*, Paris : Plon, 1966.

MARIN (Louis), *Opacité de la peinture*, Paris : Usher, 1989.

MAUSS (Marcel), *Sociologie et anthropologie*, Paris : PUF, 1960.

MERLEAU-PONTY (Maurice), *L'œil et l'esprit*, Paris : Gallimard, coll. Folio Essais, 1989.

METZ (Christian), *L'énonciation impersonnelle ou le site du film*, Paris : Méridiens Klincksieck, 1991.

RANCIERE (Jacques), *Trafic*, n° 37.

RANCIERE (Jacques), *Trafic*, n° 50.

RANCIERE {Jacques), *Malaise dans l'esthétique*, Paris : Galilée, 2004.

RANCIERE (Jacques), *Critique*, n° 692/693, janvier-février 2005.

ROUSSEAU (Jean-Jacques), *Essai sur l'origine des langues*.

SCHMITT (Jean-Claude), *La Raison des gestes dans l'Occident médiéval*, Paris : Gallimard, 1990.

SCORSESE (Martin), « Le cinéma de distraction me fait penser aux jeux du cirque », *Le monde*, 27-28 novembre 2005.

Tran DUC THAO, « Le Mouvement de l'indication comme forme originaire de la conscience », in *La Pensée*, n° 128, août 1966.

UNGARO (Jean), *Américains héros de cinéma*, Paris : L'Harmattan, 2005.

UNGARO (Jean), « Le Corps sacrificiel du héros », in Frédéric Gimello-Mesplomb (dir.), *Le cinéma des années Reagan. Un modèle hollywoodien ?*, Paris : Nouveau Monde Éditions, 2007.

Table

La forme du héros 9
1. Personnage (le héros, la disparition) 25
    Le film, l'empreinte 27
    Fragments d'une typologie du héros 30
    Solitude et mélancolie du héros 32
    Le visible invisible 37
    Empreinte d'empreinte Le double et son ombre 43
2. Gestuelle 49
    Le corps, le geste 51
    Tarzan et la gestuelle du premier homme 57
    Rambo ou le corps comme événement 60
    La codification des gestes 64
    Légendaire de l'absence 70
    Moi et l'autre 74
    Sainte Face et effacement du sens 79
    Figure et défiguration 83
    Le masque : raison et déraison 88
    Masquer, démasquer 91
    Le déguisement comme représentation 95
    La ruse 101
    L'Autre du nom… 107
3. Rhétorique 111
    Une histoire éternelle : écarts et réitérations 113
    Identification du corps du héros 118
    Dissolution de l'intime 121
    L'interne et l'externe 124
    Rhétorique déictique du vêtement 128
    Misère du corps 133
    De combien de deuils ? « Memento mori » 136

Le corps sacrificiel du héros	*138*
Destin (fatalité) du corps	*143*
Le corps de guerre	*147*
L'univers des hommes sans femmes	*150*
Rhétorique de la déploration	*157*
Déférence	*159*
Figures de l'incrédulité	*162*
Le corps prophétique	*167*
Le corps infrangible	*169*
Rhétorique de l'artifice	*172*
Le corps robotisé de Terminator	*175*
La machine, l'emblème du mal et la mort de Dieu	*179*
Le sacrifice de la langue	*183*
Théorie de l'inhumanité	*187*
Théorie de la catastrophe. Désastre et salvation	*189*
Épopée du désastre	*193*
L'agonie de l'ange	*196*
4. Conclusions	**201**
La disparition	*203*
La forme du sommeil	*207*
Pour détourner le destin	*209*
Index des films cités	*213*
Index des livres cités	*214*

AudioVisuel Et Communication
Collection dirigée par Bernard Leconte

« CHAMPS VISUELS » et le CIRCAV GERICO (université de Lille 3) s'associent pour présenter la collection AudioVisuel Et Communication (AVEC). La nomination de cette collection a été retenue afin que ce lieu d'écriture offre un espace de liberté le plus large possible à de jeunes chercheurs ou à des chercheurs confirmés s'interrogeant sur le contenu du syntagme figé de « communication audiovisuelle », concept ambigu s'il en est, car si « l'audiovisuel » – et il faut entendre ici ce mot en son sens le plus étendu, celui de Christian Metz, qui inclut en son champ des langages qui ne sont ni *audios* (comme la peinture, la photographie, le photo roman ou la bande dessinée), ni *visuels* (comme la radio) – est, on le sait, monodirectionnel contrairement à ce que tente de nous faire croire ce que l'on peut nommer « l'idéologie interactive », la communication implique obligatoirement un aspect multipolaire...

Dernières parutions

Erika THOMAS, *Art-Action : Pol'art Urbain, Didier Barros l'étranger, Des livres et des cendres*, 2010.
Erika THOMAS, *Le cinéma brésilien du cinema novo à la retomada (1955-1999)*, 2009.
Erika THOMAS, *Ken Loach : Cinéma et société*, 2008.
Philippe GAUTHIER, *Le montage alterné avant Griffith*, 2008.
Jean-Jacques LEDOS, *L'Âge d'or de la télévision, 1945-1975*, 2007.
Jean-claude MARI, *Quand le film se fait musique*, 2007.
Yves ALCAÏS, *L'Atelier selon Luc – Réflexions et scènes de vie d'un peintre contemporain*, 2006.
Michel CHANDELIER, *Élection cinématographique. Le Président des États-Unis vu par Hollywood*, 2006.
Jean-Max MÉJEAN (dir.), *Woody dans tous ses états*, 2006.
Jean-Max MÉJEAN (dir.), *Comment parler de cinéma ?*, 2005.
Yannick LEBTAHI et Isabelle ROUSSEL-GILLET, *Pour une méthode d'investigation du cinéma de Laurent Cantet*, 2005.
Jacques DEMORGON, *Le sport dans le devenir des sociétés*, 2005.
Yvonne MIGNOT-LEFEBVRE, *Communication et autonomie*, 2005.
Bernard LECONTE, *L'image et le corps,* 2004.
Virginie SPIES, *La télévision dans le miroir*, 2004.

L'Harmattan, Italia
Via Degli Artisti 15 ; 10124 Torino

L'Harmattan Hongrie
Könyvesbolt ; Kossuth L. u. 14-16
1053 Budapest

L'Harmattan Burkina Faso
Rue 15.167 Route du Pô Patte d'oie
12 BP 226
Ouagadougou 12
(00226) 76 59 79 86

Espace L'Harmattan Kinshasa
Faculté des Sciences Sociales,
Politiques et Administratives
BP243, KIN XI ; Université de Kinshasa

L'Harmattan Guinée
Almamya Rue KA 028
En face du restaurant le cèdre
OKB agency BP 3470 Conakry
(00224) 60 20 85 08
harmattanguinee@yahoo.fr

L'Harmattan Côte d'Ivoire
M. Etien N'dah Ahmon
Résidence Karl / cité des arts
Abidjan-Cocody 03 BP 1588 Abidjan 03
(00225) 05 77 87 31

L'Harmattan Mauritanie
Espace El Kettab du livre francophone
N° 472 avenue Palais des Congrès
BP 316 Nouakchott
(00222) 63 25 980

L'Harmattan Cameroun
BP 11486
Yaoundé
(00237) 458 67 00
(00237) 976 61 66
harmattancam@yahoo.fr

550744 - Décembre 2013
Achevé d'imprimer par